数字化之路

——企业数字化转型快速入门

[英] 林赛·琼斯（Lyndsey Jones）

[英] 鲍文德·辛格·波瓦尔（Balvinder Singh Powar）　　著

　　冯靖靖　陈秀子　　　　　　　　　　译

U0274889

清华大学出版社

北京

北京市版权局著作权合同登记号 图字：01-2022-5176

图书在版编目（CIP）数据

数字化之路：企业数字化转型快速入门/（英）林赛·琼斯（Lyndsey Jones），
（英）鲍文德·辛格·波瓦尔（Balvinder Singh Powar）著；冯靖靖，陈秀子译. —北
京：清华大学出版社，2024.4
　　书名原文：Going Digital
　　ISBN 978-7-302-65911-2

Ⅰ.①数⋯　Ⅱ.①林⋯②鲍⋯③冯⋯④陈⋯　Ⅲ.①数字技术－应用－企业
管理　Ⅳ.①F272.7
中国国家版本馆 CIP 数据核字（2024）第 064198 号

责任编辑：薛　杨
封面设计：刘　键
责任校对：刘惠林
责任印制：杨　艳

出版发行：清华大学出版社
　　　　　网　　　址：https://www.tup.com.cn，https://www.wqxuetang.com
　　　　　地　　　址：北京清华大学学研大厦 A 座　　邮　　编：100084
　　　　　社　总　机：010-83470000　　　　　　　　邮　　购：010-62786544
　　　　　投稿与读者服务：010-62776969，c-service@tup.tsinghua.edu.cn
　　　　　质量反馈：010-62772015，zhiliang@tup.tsinghua.edu.cn
　　　　　课件下载：https://www.tup.com.cn，010-83470236
印　装　者：河北鹏润印刷有限公司
经　　　销：全国新华书店
开　　　本：145mm×210mm　　印　　张：5.625　　字　　数：133 千字
版　　　次：2024 年 4 月第 1 版　　　　　　　印　　次：2024 年 4 月第 1 次印刷
定　　　价：69.00 元

产品编号：098690-01

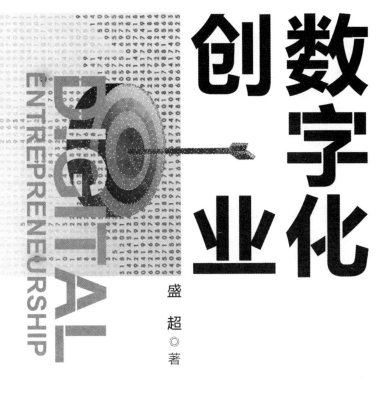

数字化创业

创业

盛超 ◎ 著

清华大学出版社
北京

内 容 简 介

随着数字技术的兴起和发展，特别是互联网技术的成熟，众多传统行业在数字技术的影响下发生了新的变化。数字化正在重构传统企业。数字化创业颠覆了传统的创业模式，涉及数字化知识库和通信技术市场、数字化商业环境、可获得的资金、数字化技能和领导力、创业文化。数字化创业的主要研究方向是数字化商业模式，在数字化创业方面，研究对象主要集中于数字化带来的新商业模式。

本书分为上下两篇，共十三章。上篇是理论逻辑，主要剖析数字化创业的理念、进化逻辑、准备、商业模式与技术基础等；下篇是实操落地，从团队构建、产品开发、运营理念、营销模式、组织结构、内部管理、财务共享、AI 构建八个方面阐述企业如何进行数字化创业。

图书在版编目（CIP）数据

数字化创业 / 盛超著. —北京：清华大学出版社，2024.1
ISBN 978-7-302-64997-7

Ⅰ. ①数… Ⅱ. ①盛… Ⅲ. ①网络公司—经营管理—研究—中国 Ⅳ. ①F279.246

中国国家版本馆CIP数据核字（2023）第235475号

责任编辑：张尚国
封面设计：秦 丽
版式设计：文森时代
责任校对：马军令
责任印制：宋 林

出版发行：清华大学出版社
　　　　网　　　址：https://www.tup.com.cn, https://www.wqxuetang.com
　　　　地　　　址：北京清华大学学研大厦A座　　　邮　　编：100084
　　　　社 总 机：010-83470000　　　　　　　　邮　　购：010-62786544
　　　　投稿与读者服务：010-62776969, c-service@tup.tsinghua.edu.cn
　　　　质量反馈：010-62772015, zhiliang@tup.tsinghua.edu.cn
印 装 者：小森印刷霸州有限公司
经　　销：全国新华书店
开　　本：148mm×210mm　　　**印　　张：**9.125　　**字　　数：**179千字
版　　次：2024年1月第1版　　**印　　次：**2024年1月第1次印刷
定　　价：58.00元

产品编号：101669-01

前所未见的"数字地球"

2023 年伊始，我们遇到了人工智能历史上的第一个"惊吓指数"。测试表明，人工智能 ChatGPT 的"头脑"不仅超越了普通人，也超越了部分专业人士。数字智能化社会带来的发展曲线一下子就变得陡峭起来。未来十年，这种改变定然是颠覆性的。在数字化社会里，创业者该何去何从？

由此可以推断，第二个"惊吓指数"的到来，多半会比乐观者预测得更早。现在，主宰我们这个时代的创业法则已经彻底改变，这正好契合了新超人山姆·奥特曼（Sam Altman）提出的"新摩尔定律"，即"宇宙中的智能总量（amount of intelligence）每 18 个月翻一倍"。原本在芯片产业中标定发展节奏的摩尔定律，变成了"万物摩尔定律"。人类的一切组织、生活和事业节奏都将被改变，数字化创业者将首当其冲。

我觉得，应该改变数字化创业的传统定义了。按照传统的定义，数字化创业是指利用数字技术和互联网平台创造新的商业模式、产品或服务的创业行为。而新的定义如下：**数字化创业是指在团队和人工智能充分协作的基础上，充分理解用户需求，利用全球数字智能化平台，迅速创造和迭代出新商业模式、新产品和新服务的创业行为。**

过去 20 年，数字化创业的核心是利用数字技术和互联网平台，通过创新商业模式和运营方式，打造出独特的产品或服务，以满足消费者的需求。现在，在数字化创业过程中，人工智能发挥作用的权重已经陡然上升。

数字化创业具有以下特点：

第一，企业实现了低成本运营。相对传统创业，数字化创业成本更低，通过互联网平台，创业者可以节省大量的初始投资。

第二，借助数字化平台，企业获得更广阔的市场空间。通过互联网平台，数字化创业可以将产品或服务推向全球市场，拓展更多商业机会。

第三，企业获得更高的效率。数字化创业可以利用数字技术，提高商业运营效率，实现更多的盈利。

简单回顾数字技术发展史就能知道，我们已经处于一个加速通道中。

1998 年 1 月，在加利福尼亚科学中心开幕典礼上，美国副总统阿尔·戈尔发表了一篇名为"数字地球：认识 21 世纪我们所居住的星球"的演说，提出了一个与 GIS、网络、虚拟现实等高新技术密切相关的"数字地球"概念。所谓数字地球，就是将大数据、云计算、5G、区块链、人工智能等新一代信息技术、地理信息技术与航空航天产业进行深度融合所构建的虚拟世界。

这些新兴技术其实在近几年才得以迅速发展和普及。在阿尔·戈尔发表演讲的上世纪末，这些新兴技术正处于尚未发生的全球协作系统链接的阶段，演讲中的"数字地球"被定义为"组织愿景"，旨在引导科学领域和技术人员朝着共同的目标前进。

如今，世界上许多国家正在积极发展和运用先进的科学技术，比如：以遥感、地理信息系统、全球定位系统为代表的地球信息技术，以数字的方式获取、处理和应用关于自然和人文因素的空间数据。有关地球的"大量的、多分辨率的、三维的、动态的"数据被根据地理坐标集成，形成了一个将抽象事物具象化的数字地球。

可见，我们完全可以将数字地球看作地球的数字模型——主要利用数字技术将地球及其上的活动和环境的时空变化数据，按地球的坐标加以整理，存入分布在全球的计算机中，构成一个全球数字模型，使各种信息在高速运作的网络上进行快速流通。

过去数十年，太空多了数百只人类的"眼睛"——人造地球卫星。随着空间对地观测技术的发展，人类具备了获取全球尺度数据的能力，例如获取大气、陆地、海洋的高精度、高时空分辨率数据，空间分辨率从千米发展到厘米，重复观测频率从月、日发展到分、秒，电磁波谱的利用从可见光发展到微波。

但是，仅将数字地球的概念限制在地球观测、地理信息系统、全球定位系统等内容上，是非常狭隘的。数字地球是其他先进技术不可或缺的一部分，这些技术包括通信网络、传感器网、电磁识别器、虚拟现实、网格计算等。数字地球完全可以在应对人类社会面临的挑战方面发挥重要的战略作用，最大限度地为国民经济建设和社会进步以及人类的可持续发展提供高质量的服务。

简言之，数字地球的核心思想有两点：利用数字化手段统一处理地球上存在的所有问题；最大限度地利用地球上的信息资源。但要想让科学数据服务于决策，关键还在于要有足够多的数据，数据之间可以共享。数据鸿沟、数据孤岛是过去世界面临的挑战性问题，而数字地球将彻底解决这个问题，推进地球大数据的开放共享，实现资源、环境、生物、生态等领域分散的数据、模型与服务等的全面集成。

在数字经济到来的今天，多种来源的地球大数据使数字地球有了更好的实现方式。依据统一的时空基准建立的三维虚拟地球模型，全世界的人和企业（或机构、组织）都可以自由、开放地连接在地球上，并根据行业需求承载与融合各行业的各种信息，解决特定的各类应用问题。

各种先进技术的不断涌现促进了数字地球和地球大数据的深入发展。最接近下一个数字地球发展节点的是人工智能的应用，人工智能可通过人机协同构建智能化应用新模式，使一些不可能发生的事成为可能。例如，数字不仅能标识各式各样的物品，也能表达行为、变化，乃至思想、观点，支持抽象概念和数据类型的可视化。换句话说，人工智能的全面兴起，依靠的是数字地球形成过程中的数据信息量、计算处理能力和数据挖掘算法等全方位的延伸。

数字化技术的发展瞬息万变，其应用潜力不断地被释放，逐渐渗透到各经济领域。在数字经济的飞速发展、快速迭代、全速革新的过程中，数字地球成为数字经济的全新"底座"，具有时空属性的应用数据与数字化技术融合后，会产生新的业态，深刻改变世界经济发展的驱动力和方式，重塑世界经济格局。

面对数字化、智能化的新发展，在全球，每一天都会有几亿人，甚至几十亿人同时使用信息"喂养"诸如 ChatGPT、盘古和文心一言等人工智能，使其以小时或天为单位进行自我迭代。这是一面巨大的"镜子"，数字化创业者可以在其中找到真正的增长点，创造属于自己的新天地。

盛　超

2023-12-1

目录

上篇　理论逻辑

第一章　万物数字化

万物数字化时代，很多过去人们想都不敢想的事情大规模"涌现"。随着经济形势的发展以及技术的不断迭代，企业面临更多的机遇。数字化创业和数字化创新时代面临着"人做五分，AI做五分"的未来，在这个人人都能获益的美好时代，我们要掌握数字化的发展规律。

第一节　经济形势：世界经济主轴从"交换"转向"交互"

在世界经济几千年的发展历程中，"交换"始终是唯一的商业逻辑。商业世界的产生是以交换为基础的，其进步基于解决交换问题；货币的产生也源于交换。

在农业时代、工业时代和信息时代，"交换"的商业逻辑从未动摇，却在数字时代被根本地瓦解了。其实，在数字概念诞生之初，一些具有数字头脑的人就隐约发现，"交换"的商业逻辑背后应该还有另一个第一性世界，却因数千年的交换传统被忽略了。而这个第一性世界就是"交互"。在"交换"的商业逻辑背后运行着更底层的"交互"。

如今，数字时代已经拉开了彻底颠覆传统经济世界的序幕，基于人们对"企业的本质是经营知识"的认知，交互让所有参与者都能在融合中获得知识赋能；建立在交互基础之上的交换，其内涵已经变得无限丰富。彼得·德鲁克的"知识组织"的观点在数字化创业时代被新商业实践所强化。

交换思维和交互思维的差异究竟在哪里呢？请看下面的例子：

某团队开发出一款打车软件。拥有交换思维的人会理所当然地认为，消费者只要使用他人（开发者和运营者）的软件，就应支付一定的报酬，用以购买对方为自己提供的服务。这是一种买方和卖方的商业逻辑，即"我出东西、你付钱"，天经地义。而拥有交互思维的人似乎根本就不想赚钱，不仅每单打车要付给司机一定的补贴，还要付给消费者一定的补贴。"我出东西，我也出钱，你来使用就可以了。"这是什么逻辑？

拥有传统的交换思维的人完全看不懂新兴的交互思维，不仅眼前混乱，恐怕内心秩序也在逐渐崩溃。但一些拥有交互思维的人早已开始了各种颠覆性操作，几年前的"团购大战"和"打车大战"让人们瞠目结舌——免费吸引用户的模式的效果已经不再明显，还要花钱补贴。为何会出现这些让传统商业世界的人完全看不懂的现象？因为传统行业和基于数字概念的平台企业处于完全不同的两个世界。比如，以"交换"为基础的经济世界采用以生产为导向的分工合作模式，关注效率；以"交互"为基础的经济世界采用以消费体验为导向的分享协作模式，关注效用（见图1-1）。

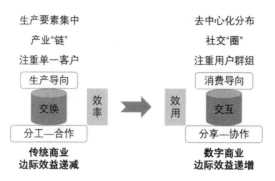

图 1-1　世界经济的主轴转移

在图 1-1 中，传统商业处在左侧，以"交换"为基础；数字商业处在右侧，以"交互"为基础。

两个世界的任何触点都是完全相反的。交换世界中，生产要素集中分布，形成产业链，注重每一个用户；交互世界是去中心化分布的，形成社交圈，注重用户群组。

传统商业是一种分工合作的关系，用户要获得产品或服务，就需要支付一定的金额。用户是数据生产者，也是整个生态的贡献者。交换思维的经营者会对用户说："你想用我的软件吗？想用，那就要给我钱；不给钱，其他都免谈。"因此，传统商业的管理目标是如何赚取利润并提升货物的周转效率。

而数字商业是一种分享协作的关系，这种模式初期为了扩大市场占有率、把竞争对手挤出市场，在用户获得产品或服务的同时并不收费，甚至补贴费用。交互思维的经营者会对用户说："你愿意用我的软件吗？免费的。如果不愿意，为了让你使用或购买，我就给你钱。如果还不愿意，我就多给你点钱。"可见数字商业的目标是提升整个平台的效用，只要在这个阶段用户愿意交互，就可以达到自己的目的。

一、分工合作与分享协作

在交换和交互这两个世界中，商业参与者的协同机制完全不同，关键在于是否主动和是否有约束。

1. 交换世界的分工合作机制

A 工厂和 B 工厂对某款运动鞋的生产进行分工，A 工厂生产鞋底和鞋帮，B 工厂生产鞋垫。两家工厂签订了合作合同，约定 B 工厂每生产一副鞋垫，A 工厂就付给 B 工厂 1 元钱报酬。

这就是分工合作——以合同为基础，以报酬最终兑现。合同中一定有关于违约的认定和赔偿措施，因为有了合同的约束，合同双方都要承担一定的责任，尽一定的义务。

虽然 A 工厂和 B 工厂有直接的合作关系，但 B 工厂的负责人一般不会关心运动鞋的销路和盈利，他们只关心自己生产的鞋垫能够通过验收，拿到报酬即可，不用关心运动鞋最终会被销往哪里、是赚是赔，以及还有什么需要改进的地方。

由此可见，A 工厂和 B 工厂虽然保持着紧密的合作关系，却只是一种生产和报酬上的弱关系，一旦合同履行完毕或者其他导致合同不能继续履行的情况出现，双方的关系就会画上句号；如果想要继续建立联系，就要再次进行合作洽谈，签订合同。

2. 交互世界的分享协作机制

X 互联网公司在年中发布会上宣布要在当年 11 月 1 日推出一款智能手表，并公布了产品的全部参数，可谓毫无保留。这种做法在拥有交换思维的人看来很愚蠢：产品参数是商业机密，怎能随便透露给别人，而且还是全部？

其实，X 公司的做法就是数字时代分享协作理念的体现。因为该公司知道，只有将参数全部公开，才能吸引其他开发者根据公布的参数开发出可在智能手表上运行的软件，才能以产品为基石扩大生态圈。而想要拿到参数信息，只要登录 X 公司的官网，找到相关页面后勾选"我同意"就行。结果，到了智能手表发布的日子，共有 2000 多个软件开发公司、团队和个人下载了参数信息，开发出 5000 多个软件搭载其上，此款智能手表的功能强大到令人瞠目。如果没有共享参数，仅靠智能手表团队能开发出几款软件呢？若是没有大量的软件来体现手表的智能性，还能称得上智能手表吗？岂非成了中看不中用的"弱智"手表？！

X 公司并没有进行"欢迎广大开发者在我们的智能手表上开发软件"等动员宣传，只是吸引众人主动为 X 公司的产品开发软件。这个过程既不需要谈判，也不需要签合同，所有的协作都源于开发者勾选了"我同意"。设想，X 公司若像传统的分工合作模式那样，先谈判，再签合同，或许还要附带签署保密协议，几千个软件

林赛·琼斯（Lyndsey Jones）是本书的主要作者，在《金融时报》编辑部领导数字化转型项目数年后，琼斯受到启发开始撰写《数字化之路》（Going Digital）一书。

琼斯目前是一名咨询师、战略顾问和教练，与非洲和欧洲的多家媒体公司合作，从运营到内容战略的各方面推动新闻编辑部的数字化转型。同时她也是一位国际演说家、客座讲师和商业导师。

在担任英国《金融时报》执行主编期间，琼斯在精简编辑部业务、重塑新闻编辑部方面发挥了关键作用，将其主要关注点和思维方式从纸质媒体转向数字出版，她还与同事、团队和工会通力合作，确保变革得到支持与认同。

林赛·琼斯是"广播时间表"（Broadcast Schedule）项目的策划者，该项目根据高峰时段的受众需求确定发布内容，以提高流量、参与度和订阅收入。她还设计并实施了一项内容精简策略，使资源能够集中于以数字格式提供《金融时报》的标准新闻报道。

鲍文德·辛格·波瓦尔（Balvinder Singh Powar）是本书的共同作者，他是西班牙马德里 IE 商学院的兼职教授和商业导师，研究领域包括领导力、团队管理和激励、创新文化、冲突调解，以及全球创业精神。

2019 年，波瓦尔与他人合作开发了一个名为"展开工作"（Unfold Work）的系统，该系统专注于如何创建有效的虚拟混合团队，重点专注"分布式工作"，其关键是小组互动、神经科学、敏捷和精益方法。 他也是布斯特航天工业（Booster Space Industries）和埃尔东（Aerdron）两家新型航空航天咨询公司的创始合伙人、董事会成员和董事。

鲍文德·辛格·波瓦尔对于构建强大高效的团队和推动突破性项目充满热情。 他坚信自我赋能和积极主动是实现个人目标的关键，他最喜欢引用圣雄甘地的名言："想改变世界，先改变自己。"

2015 年，波瓦尔成为全球最大的初创企业网络之一——创始人协会（The Founder Institute）的商业导师。 2017 年，他成为一家主要帮助初创科技企业寻找客户和投资的咨询公司的合伙人。

作为印度裔英国居民，波瓦尔同时拥有商业和金融学位，并在伦敦大学攻读了调解学硕士学位。 他曾经在西班牙和国际上领导过众多商业、社会、文化、媒体和科技项目，拥有丰富的项目管理经验。

推 荐 序

圣地亚哥·伊尼奎斯（Santiago Iniguez）

IE 大学校长

"这是最好的时代，也是最坏的时代……这是希望的春天，也是绝望的冬天，我们拥有一切，也一无所有……"这些熟悉的句子来自有史以来最著名的文学作品之一——查尔斯·狄更斯的《双城记》的开篇。在今天看来，它们似乎与小说的背景——法国大革命时期，甚至与狄更斯时代截然相反。据说，每个世纪都会至少发生一次革命，我们正在经历我们自己时代的革命，每个人都或多或少地察觉到了这一点：随着技术的飞速进步、年轻一代面貌和价值观的变化，以及全球化和地方多样性之间的冲突，诸多因素正在合力塑造一种新的社会模式。

在这场风暴的中心，许多经理和企业家感到不安和焦虑，这种情形也是可以理解的。与此同时，当前的环境为真正的领导力提供了一个舞台，管理者们可以在这样的环境中发现新的机会或重塑现有的业务。按照达尔文的话来说，现在是"适者生存"的时刻，或者说是更好适应新环境的新物种诞生的时刻。

林赛和鲍文德的《数字化之路》这本书为应对充满挑战的商业环境提供了一份出色的指南。两位作者都深谙企业内情，并为来自不同行业和不同地区的企业的经理提供过咨询服务。他们在高层管理咨询方面的全球经验造就了本书流畅而富有教学意义的风格，除此之外，本书还提供了一些适用于日常工作的实用建议。

我们生活在一个比以往任何时候都拥有更多繁杂信息的时代，数据已经成为战略决策的重要资产，而《数字化之路》这本书则恰好提供了管理复杂性的工具。

当前的环境要求管理者具备与强大领导力相关的所有技能：创业精神；在不确定性和变换场景中抱有未来愿景；激励团队；坚定决策和灵活实施，最重要的是，拥有韧性。

韧性是一种通过性格塑造、行为重复和心理锻炼而培养起来的品质。在许多教育机构，特别是军事院校，会在几年的时间里向学生反复灌输这种能力。这种品质对所有领域的领导者都非常重要，尤其是在商业领域，特别是在当今时代。企业家们通常对这一点深有感触，毕竟，他们曾经是连续的失败者，成功只会在反复的失败之后才会到来。成功只是失败的另一副面孔。

然而，危机也为企业家和创新者的培育提供了土壤，许多大型企业都是在逆境中创立的，其中一部分企业历经几十年的考验仍然能够稳固地立足。套用狄更斯的话来说："最糟糕的时代往往也提供了最好的时机。"

我们生活在一个美丽的新世界中，所有企业的利益相关者都面临着让世界变得更美好的挑战。在这一背景下，良好的商业行为会成为我们应对大多数危机的最佳解药。事实上，管理者可以是最崇高的职业之一，衷心希望读者能在这本书中找到实现这一崇高使命的宝贵线索。

作 者 致 谢

我要感谢以下人士对于本书的启发、鼓励、支持和帮助，使得这本书得以完成。

感谢 Pearson 出版社编辑埃洛伊丝·库克肯定了我的理念与构想，并帮助我将其打磨得更为完善。她的建议和评论十分宝贵。感谢《金融时报》时任主编詹姆斯·拉蒙特的鼓励，以及安德鲁·希尔的支持。

感谢《金融时报》的每一位记者，他们向我提供了采访的关键线索和对象，特别是哈丽特·阿诺德、克莱尔·巴拉特、丹尼尔·董贝和克里斯托弗·格兰姆，我后来采访的人都是他们帮我联系的。

感谢所有受访者抽出时间坦诚地、毫无保留地道出实现变革所需的一切。

英国《金融时报》专栏作家布鲁克·马斯特斯和作家弗兰·艾布拉姆斯都曾给我忠告，写一本书需要长达几个月的时间，而我严重低估了所需的时间（我曾以为只需要几周时间）。

感谢《金融时报》前助理编辑托尼·梅杰，他让我尝试领导和管理一个数字化转型项目，这个项目不仅改变了印刷生产的操作模式，还改变了新闻编辑部的工作方式。

这段经历让我随后有机会参与了其他转型项目，我成为了

"广播时间表"项目——一个全球在线出版系统——的策划者，并且有幸与当时的新闻负责人彼得·斯皮格尔共同工作。后来，我设计了一个优先考虑价值而不是数量的策略，成功精简了发布的报道数量。

我还要感谢所有我曾经哄骗、嘲笑或强迫（也就是鼓励、影响和说服）改变他们工作方式的记者。所有这些数字化转型管理经验激发了本书的创作理念。

感谢鲍文德·辛格·波瓦尔愿意和我一起踏上这场疯狂的旅程，虽然事实证明数字化转型时代不仅对世界来说是一个"疯狂"的时期，对他个人而言也是如此。波瓦尔竭尽全力提供自己的见解和变革管理专业知识，我对此深表感激。

感谢我的父母格伦达和艾伦·琼斯，他们不仅在我决定成为记者时第一时间鼓励我，还在数月的时间里每晚倾听我关于这本书写作的进展和过程。

最后，感谢我的丈夫大卫·贝尔在我工作中面对数字化转型时给予我的所有建议。他的战略眼光和逻辑帮助我解决了当时所面临的挑战。

林赛·琼斯

首先，我要感谢林赛邀请我加入这趟"疯狂"的旅程。这趟旅程从一个想法开始，虽然过程跌宕起伏，但它让我在生活中最艰难的时期保持不断向前，让我能够接受挑战并且走出舒适区。林赛的自律、决心和写作技巧使这一切成为可能。

感谢埃洛伊丝·库克慷慨地指导我们，使得我们能够将这本书反复打磨，让它更适合目标读者。

感谢我的妻子埃斯特雷拉和我的孩子们基兰和凯拉一直以来的支持，并给我充足的空间来从事一份比我预期更艰难但也更有回报的工作。在我完成这本书的过程中，他们也一直承受着压力。

感谢我的母亲苏林德·波瓦尔和父亲贾格迪什·波瓦尔，他们总是竭尽全力，将教育视为我们未来成功的关键驱动力。

感谢我的兄弟阿嘉和萨尼激励我不断超越自我。

感谢本书的受访者、贡献者、朋友、家人和支持者们不断鼓励我，并为这本书分享他们的智慧。

感谢那些在我学习之路上激励、帮助过我的教授、作家、同事、学生、思想领袖、艺术家、企业家和冒险家们。

感谢 IE 大学和源泉公司（Headspring company，《金融时报》和 IE 大学的合资企业）给了我许多机会（例如促成我与林赛的首次会面），将我塑造成为现在教授和培训师的形象。

鲍文德·辛格·波瓦尔

目　录

第 1 章

按照你的意图开始

如今,各行各业的公司都面临着消费者习惯的变化、新技术的冲击和数字化浪潮的颠覆,随之而来地,我们每个人的业务可能也正在经历持续的变化。在此种环境下,作为管理者,你很有必要带领团队完成数字化转型。这也许涉及一个或多个部门的改造。或许你身在一家传统公司,必须变革业务运营或工作实践模式;抑或你可能正在试图改变客户的行为,助其拥抱数字化的工作方式,同时提高公司的收入。

当你领导这些类型的项目时,通过哪种路径来实现变革取决于你身处的情境,而要搞清楚这些变革从哪里着手,则往往令人望而却步,心生畏惧。不仅如此,如果你没有做好充分的准备,许多这类项目都可能会失败,并且会对公司的财务、声誉和人力成本造成损害。

成功的关键之一,是要制订强有力的规划来帮助你实现变革。在这本小书中,我们不仅会告诉你如何制订规划、你需要做什么、什么时候做,而且我们还将告诉你为什么规划很重要,以及为了确保成功,你事先要准备到何种程度。

在这本书中,我们访谈了从初创企业到跨国公司的近 50 位管理者和创始人,他们所在的行业五花八门,包括了媒体、公用事业、消费品、技术和金融服务等。他们在访谈中真诚地分享了自己的经验和贴切的实践案例,这些案例阐明了领导和管理变革的真实情况是怎样的,并且提出了让转型真正发生的必要条件。

1.1　为什么要规划

我们采访的所有公司,无一例外都采取了系统规划方法。通过提前思考、设定目标并针对想要实现的目标描绘愿景,相较其他公司,他们具有更高的成功概率。在这个快节奏的数字化时代,我们发现这些公司所制订的变革规划并非是千篇一律的,有些十分细致具体,有些则以比较灵活的方式循序渐进。

用详尽的数据分析来支撑你的前进方向,并制订一个清晰的路线图,就相当于给自己一个更大的机会来实现你的项目,而不仅是听天由命。

一个好的规划将帮助你向同事推销你的想法,帮助他们理解为什么这个项目是必要的,它对企业的发展意味着什么,甚至表明了他们在变革中的角色。一个时间线可见的任务表通常包括项目在什么时间点应该达到什么里程碑(即阶段性目标),这可以帮助你了解项目是否处于正确的轨道上,也可以让你及时调整对项目的预期和资源分配。

如果没有规划,你就无法复盘和回顾,也无法得知你是否走在正确的变革轨道上。

1.2　如何规划

1. 识别问题

首先要做的一步,是从客户的视角来识别问题所在,以及确认为什么解决这个问题会给企业带来价值。将客户作为公司转型的中心,这是一个标准方法,也是我们采访过的所有公司在一系列问题上统一采取的办法。

管理者们通常会试图找出问题的症结所在。例如,CNN 的伦敦新闻台紧跟时事,策划并发布了一份关于新型冠状病毒感染大流行的时事通讯;为了推动变革,西班牙公用事业公司伊比德罗拉(Iberdrola)促使 1100 万人改用智能电表。

谷歌搜索工程团队在考虑如何解决全球搜索市场的大幅下降问题时,也采用了识别问题的做法。同样还有英国管理机构草地网球协会(LTA),他们在计划将 6000 名教练与企业的联系方式标准化,以使其更便于整合和获得时,也采用了这种方法。

"我们的宣言是爱上问题",著名咨询公司德勤全球技术战略和转型领导人马克·利里(Mark Lillie)说,他曾为包括 LTA 在内的机构提供数字化转型项目建议,"数字化的终极目标就是解决问题,无论是让目标客户群体的生活更简单,还是让他们的体验更有效率,更有影响力,更令人愉快。"

西班牙马德里 IE 商学院国际 MBA 教授和创业导师阿尔伯图·利维(Alberto Levy)对此表示赞同:"不要'嫁给'解决方案,而要'嫁给'问题。一旦你'嫁给'了问题,你就不得不在各种组织中找到不同的解决方案。这是因为传统业务中的问题不太可能通过'当年'购买的产品来解决。"

但马克·利里警告说,你必须清楚客户的需求是什么,这与泛泛地了解如何成为数字化企业一样重要。"我们围绕客户的当前体验以及如何利用数字技术优化客户体验等方面做了大量的研究。这是一个相当好的练习。"

2. 描绘画布

你可以通过类似差距分析的方法,将客户置于转型的中心。

一个可以帮助你进行差距分析的工具是价值主张画布(value proposition canvas),它由亚历山大·奥斯特瓦德

（Alexander Osterwalder）和伊夫·皮尼厄（Yves Pigneur）设计，
两人还合著了《商业模式新生代》（*Business Model Generation*）一
书。价值主张画布如图 1-1 所示，它可以清楚地向你展示如何
解决客户的问题，并且满足他们的需求。它也可以帮助你向客
户表达他们为什么要选择你的公司，而不是其他公司。

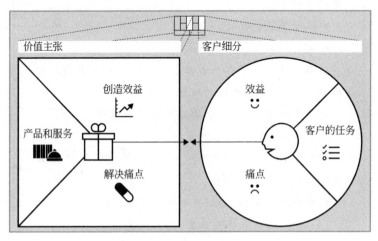

图 1-1　价值主张画布

使用画布的关键作用是确保数字化产品和市场的匹配。我
们不断从受访者那里听到，他们提出的创新想法必须为客户解
决问题，并且满足客户的需求。你的项目能否解决一个真正的
问题？它能够带来的价值究竟是什么？如果它不能带来价值，
那么项目就不可持续，因为客户很可能不会买账。

画布是一个非常高效的工具，可以用来收集数据，创建产品
和服务，部署一个可视化指南，从而让你的计划更加高效和专
注。你还可以设计一个模板来展开计划中需要包含的内容，详
细说明关键要素、时间线以及需要的团队。

> **练　习**
>
> 　要使用价值主张画布工具,应该首先代入目标客户的思维和生活方式。首先需要做出一些假设,以便在后续访谈潜在客户时测试这些假设的正确性。你需要在画布上进行两轮迭代:
>
> - 做出假设;
> - 测试假设。
>
> 　这会让你对你的客户在社会、功能、情感等方面的需求获得更深入、更切合实际的理解。
>
> 　在填写画布模板时,需要遵守以下步骤:
>
> 　(1) 确认你的目标客户或细分领域;
>
> 　(2) 确定工作(包括任务、问题、愿景)范围,根据客户的重要性进行优先级排序;
>
> 　(3) 确定效益和好处,并考虑其优先级;
>
> 　(4) 识别痛点和负面体验,并考虑其重要性排序。
>
> 　一旦完成了这些,你便可以开始着手根据客户价值聚焦点来制订计划了。

3. 填补中间的差距

　思考你现在正处于哪一步,再思考你最终想到达哪里。如果最好的结果是 10 分,那么你现在处于什么水平呢？假设你此刻处在 3 分水平,也就是客户访谈已经开始,你刚刚开始生成一个数字化产品愿景。那么,从此刻所在的 3 分到未来的 10 分之间,你需要做些什么？

　例如前面提及的西班牙公用事业公司伊比德罗拉(Iberdrola),他们数字化项目规划过程的一部分就是制订将要达成的目标,以及最终需要交付的技术或者产品。

考虑你需要实现的目标,了解如何实现目标,并且权衡你是否需要帮助。

为了填补现实状态和理想状态之间的差距,需要回答表 1-1 中的问题。如果要达到 10 分,则需要设定挑战目标,并且将表 1-1 中的每个元素量化达到 10 分。

表 1-1　现实状态和理想状态的差距

	现实状态	理想状态	差距	解决办法	打分 1~10
是否存在这方面的需求?					
你的团队或公司可以做吗?					
这件事值得做吗?					
特定日期前想达到什么程度?					
成功时将会是怎样的?					
怎样度量进度?					
需要采取的最小步骤是什么?					
是否拥有足够的资源?					
是否需要与外部伙伴合作?					

4. 使用数据支撑计划

你需要用数据作为计划的框架。这将帮助你在汇报时支撑你的愿景,从而获得支持。根据经验,即使公司董事会有明确的战略,也要谨慎地花时间研究你的计划所基于的数据。数据将提供坚实的基础,让你和你的团队能够更好、更快地工作,并且更有可能取得成功。

切记保持简单,不要将数据过度复杂化。因为你的同事需要先理解计划,才能了解他们适合在什么地方介入,需要做什么,以及为什么改变现状对业务来说很重要。

在计划中,应该使用数据来支撑决策。在本书各行各业的受访者中,决策是由数据驱动的,而不是像过去那样,仅凭经理们的直觉行事。

"要(与用户)建立起对话,你需要向他们呈现一些事实。"曾在谷歌公司工作过一段时间的萨斯瓦提·萨哈·密特拉(Saswati Saha Mitra)说。密特拉曾经做了一篇成功的文献综述,试图解决印度用户在谷歌搜索问题中遇到的困难。密特拉提到,她在规划阶段"甚至都没有规划到解决方案这一阶段"。

因此,学习如何处理和呈现数据是十分重要的,第5章将着重探讨这个问题。美国跨国软件公司思杰(Citrix)的高级管理人员米歇尔·塞内卡尔·德丰塞卡(Michelle Senecal de Fonseca)表示:"你必须学会如何在规划过程中应用数据。"

1.3 谁能够帮助你

接下来需要考虑所有关于团队依赖关系的事情,以及谁可以帮助你解决问题。我们采访的在数字化工作中有所创新的经理们通常会与团队或者组织中的利益相关者合作创造数字化产品,或者简化运营方式。他们不仅会考虑解决什么问题、为什么解决,还会考虑他们应该以多快的速度采取行动,以及谁能够帮助到他们。

在思考这些问题时,不妨与团队一起讨论哪些要素应该被包含在内,因为仅靠你一人实现成功不太现实。很可能你也会需要与其他部门合作。请确保你已经识别出所有关键的利益相关者(即会因为项目而受到影响的人),并且已经获得了他们的支持,因为如果不这样做,你更有可能在之后项目的进程中遇到阻碍,而非畅通无阻。你可能需要在每一个相关的部门内培养

1~2 名变革倡导者和先行者,包括刚刚加入公司或部门的员工,他们通常更渴望职业生涯的进步。

托马斯·斯塔姆(Thomas Stamm)
编辑行业创新团队负责人

托马斯·斯塔姆在一家瑞士媒体公司 *Zürcher Zeitung* (新苏黎世时报)领导数字化变革项目时发现,愿意改变的人往往会先参与其中,并且数字化转型的计划是不断演变的。

"有时,自然而然的变化会在项目中接踵而至。"斯塔姆说。他在公司从传统印刷向数字出版的转变中发挥了关键作用,并利用数字化技术来推动该项目。

"在数字化变革中,一个好的工具可以成为一个非常强大的赋能推动器。这就是真实发生过的事情。而且一个工具的开发往往涉及很多推动变革的重要人物。"他说。

斯塔姆给其他变革者的建议是,首先制订一个计划,并"让团队人员以积极的方式参与进来。"他说:"如果你专注于按照正确的顺序来做事情,那么你自然就会关注流程、角色和工具。你会思考你想要达到什么目的,采用什么流程能更好地达到目的,以及哪些人员能使这个流程正常运行并发挥作用。"

"制订一个合适的计划,先要迈出第一步",斯塔姆谈到,"虽然你总是面临很多事情在同时进行的情况,但最初的阶段不要试图走捷径。"

斯塔姆成功的关键是按照计划,专注于一个接一个的后续步骤,稳步前进。

1. 列出合适的联系人

太空旅游初创公司 Booster 希望建立一个公司联合体,为太空旅游平台提供电子设备、硬件、机身和控制系统。为此,他们必须找出谁愿意提供金钱、时间或资源,以便最终能够在西班牙的商业机场上空进行新型航天器的试飞。

在规划这个项目时,Booster 公司的数字化团队使用思维导图,直观地表示了需要做什么,以及应该联系哪些能够提供帮助的人。

Booster 的核心主题是"航天器设计"。团队考虑了所有可能与之相关的要素或任务,例如具体让哪些人帮助他们完成项目的每个部分。他们确定了必须联系的人及其原因,以及在宏大项目目标之下的个人需求点,以便将有类似需求点的人连接在一起,进行针对性沟通。通过这种方式,他们成功地游说政府为公司取得了一项至关重要的成果:监管部门批准了试验型航天器的试飞。通过这种方式,Booster 团队确定了需要联系的人,这样就可以进入下一阶段,即获取这些人"确定参与"的承诺。

思维导图可以帮助我们探索项目的团队依赖关系或利益相关者,这些人是在我们实施计划之前需要极力争取的。思维导图是一个很好的工具,可以将一个大计划分解成更小的、容易消化(即方便依据其做出行动)的子计划。

思维导图不仅有助于帮助人们在解构问题时厘清思路,而且可以将与项目相关的所有关键任务直观地展示在一起。在完成思维导图的绘制之后,如果有进一步需要,你还可以将人员、技能、经验甚至组织附加在上面。

如何生成思维导图

一个思维导图的组织如图 1-2 所示。

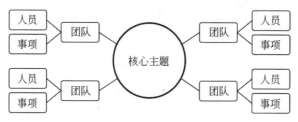

图 1-2　思维导图的组织示例

（1）首先，思考核心主题，也就是需要解决的问题。

（2）然后，从核心主题画线，生成分支。思考在转型过程中需要牵涉的团队。

（3）在分支上写下每个团队的名称。

下面的问题可以指导你有策略地思考哪些人应该加入项目团队中。

- 哪些团队或者个人是你可以争取的？即哪些是具备可行性的？
- 哪些人会是帮助你影响他人，并且创建"级联效应"的关键人物？
- 哪些人想要展示自己的才能？
- 哪些人拥有学科专业知识的可信度，并且愿意承担风险？
- 他们是否愿意倾听新的故事，并帮助推动项目运作？
- 高层领导是否会帮助你找出一个可以担任他们代表的中层管理人员？

确立项目组人员可能是企业从内部开始数字化转型过程的关键,因为这将在公司团队内部产生连锁反应。在从事谷歌搜索和地图项目时,密特拉也发现了这一点。

　　这对思杰公司也至关重要。"作为一家致力于云计算虚拟化、虚拟桌面和远程接入技术领域的公司,技术领域是开始的关键,因为我们需要不断改变和精进我们的产品和服务",接受采访时,担任思杰公司北欧区域副总裁的德丰塞卡说:"但当你的产品和服务发生改变时,也同时需要考虑新的、不同的买家,向他们销售产品的方式也会随之改变。因此,销售活动和服务商必须进行转型。一旦你的销售'引擎'开始转型,你就会开始意识到你的后台无法跟上转型的步伐了,因此,这中间存在连锁反应。"

萨斯瓦提·萨哈·密特拉(Saswati Saha Mitra)

WhatsApp 研究负责人,前谷歌搜索和地图用户体验研究员

　　当密特拉在谷歌工作时,搜索工程团队找到了她——他们发现了一个问题,用户搜索一个词后并没有得到响应。"从谷歌的角度来看,问题是用户不知道为什么",密特拉说。

　　因为无法弄清楚发生了什么,这对谷歌团队来说就好像"黑盒子"。由于没有预先存在的数据,所以他们选择先查看印度的互联网状况,因为这些数据是公开的。经调查,谷歌发现印度存在互联网连接问题,许多用户甚至有一半时间都无法获得可靠的 4G 带宽。

　　但是密特拉需要找出是什么因素影响了谷歌产品的用户体验。她带领一个由研究人员、设计师、工程师、产品经理和数据科学家组成的联合团队前往印度，目标是"让所有这些人一起思考这个问题，因为我们没有人可以靠个人的力量解决它"。

　　密特拉团队的研究表明，不仅是互联网问题，还有其他16个问题同时导致了搜索被阻止。这些问题不仅影响了谷歌的搜索部门，还影响了油管（YouTube）、谷歌地图、Chrome 浏览器、Android 系统的相关业务。

　　在很短的时间内，他们确定了潜在的解决方案。然后，密特拉与同行的研究人员和大部分领导层一起讨论了哪些方案是具有可行性的，这中间涉及了对未来路线图的大量商谈。

　　"我们会在工程副总裁出去散步十分钟的时间追上他，向他进行电梯推销。这就是为什么你需要了解以上研究的结果，然后提出要求进行更细节的一些对话"，密特拉说。

　　"我们开了近 50 次的面对面会议，去深入了解发生在印度用户身上的真实问题。这些问题不仅存在于搜索部门内部，实际上在油管、谷歌地图、Chrome 浏览器和 Android 系统中都存在。这 4 个团队与我们做的事其实非常类似。"

　　密特拉着手创立了"动力飞轮"（flywheel of momentum）项目，让同事们逐渐意识到产品的用户体验是一大问题，因此她获了团队同事的支持。

　　2015 年，谷歌决定进行投资，使其所有产品均可以离线使用，其中也包括油管和 Chrome。在此之前，谷歌是没有离线产品存在的。

2. 为什么高层领导的支持是重要的

作为计划过程的一部分,确认你被正式授权对于实现变革很重要。即使你被要求作为转型项目的领导,你也应该明确自己的职权边界及延伸范围。这意味着,对于变革推动者,成功的关键不仅是在转型项目刚开始时就得到高层领导的支持——更加重要的是他们的持续支持。在项目进行的过程中,你可能不得不需要多次回到高层领导那里明确你的权责范围,因为无论是转型的现在阶段还是未来阶段,你都可能会面临其他同事的挑战。

变革管理公司 Prosci 2020 年的变革报告称,公司 11 项研究中的 11 位变革领导者均将有效的高级管理层支持视为成功的首要因素。

如果没有高级管理层的支持,就会面临失败的风险,因为一旦你遇到障碍,人们会问:为什么是你? 他们甚至可能无法将你所做的事情与董事会的战略愿景联系起来,换句话说,他们会将项目个人化,而不是将其视为全公司变革举措的一部分。

罗伯特·施里姆斯利(Robert Shrimsley)从 2009 年开始担任网站 FT.com(英国《金融时报》)的首席编辑,并且在该岗位上历经十年。担任该职位的第一年,施里姆斯利的时间主要花在了争取管理层的支持上,将英国《金融时报》的新闻编辑部从主要关注报纸转变为思考如何委托、编辑和在网站上可视化地展示故事。

"我对高层领导说:'我们必须迈出这一步。每个人都必须接受,我们必须相信。'从一开始,我第一年任务的核心就是让高层领导相信数字化转变的必要性。我并不是说他们没有相信过诸如此类的想法,因为我在推开一扇前人已经打开过的门。但我的意思是他们**真的**要为数字化产品买账。"

　　思杰公司的米歇尔·德丰塞卡对此表示赞同。她说,变革方向"确实需要来自高级领导层的支持",而且"必须获得真实的支持",这样组织的其他成员才会由此做出承诺。

　　变革推动者也应该被赋予跨部门工作的权威性。美国另类投资全数字化运营平台 iCapital Network 公司的首席运营官兼贝莱德集团 BlackRock 前常务董事汤姆·福廷(Tom Fortin)表示,如果你陷入孤岛,"你所做的改变的有效性将非常有限"。"你是否被授权跨越组织部门,并拥有自上而下的授权,这一点真的尤为重要。"

　　"作为团队领导者,你还必须和团队同呼吸共命运,并且以身作则成为团队榜样。"德丰塞卡表示,"你必须参与其中,如果感到不舒服,那么就去找可以帮助到你的人。作为变革经理,你必须坚守在前线。"

　　作为计划的一部分,一定要认真思考你实际上可以实现多大程度的转型。虽然公司内外可能存在快速交付的压力,但我们采访的许多数字化转型经理告诉我们,公司转型的过程可能需要几年。Iberdrola 公司就花了 3 年时间计划了时间跨度长达 11 年的转型项目。

　　在英国《金融时报》编辑部,为简化工作流程,报纸制作团队被合并,并从夜间运营转变为白天运营。记者团队被重新部署到"数字化叙事"板块中,初始阶段是在白天制作几页纸质版,这一转变发生得很快。但是管理状况的全部改变需要几年时间才能完成。

　　自从 2020 年新型冠状病毒感染流行以来,公司不再拥有充足的时间来交付数字化转型的成果。当公司和组织开始为生存而战时,人们更加需要的是迅速扭转运营。

　　你还需要考虑你有多大的话语权和决策权。有时,你需要来自高级领导层的更多授权。把你推入龙潭虎穴没关系,但如果你作为一名管理者没有得到某些事情的授权,同事们就会认为你没有权力指派他们做事。这可能会成为一个真正的挑战,第 2 章将讨论这个问题。

1.4　在前进的道路上保持清醒(CLEAR)

在制订明确的转型目标并将计划结构化时,彼得·德鲁克(Peter Drucker)发明的管理理论 SMART 目标法可能会很适用,然而,对于当今快节奏的商业环境来说,很多人认为 SMART 目标过于死板。

CLEAR 方法由商业教练(同时也是前奥运赛艇运动员)亚当·克里克(Adam Kreek)开发,这一方法不仅考虑到了时间周期,还考虑到了员工的软技能,如情商和协作能力,这些对转型项目能够正常运转至关重要。我们可以在思维导图的基础上使用 CLEAR 方法。

CLEAR 每个字母代表的含义如下。

C:合作(Collaborate)。与你的团队和其他利益相关者保持良好的合作。这一点是至关重要的,因为没有任何创新项目可以由单独的一个人完成。

L:限制(Limit)。对项目范围和时间加以限制。时间线对于激发团队动力、避免预算问题而言很重要。

E:情绪化(Emotional)。挖掘你的激情和能量。了解自己,并为未来的挑战做好准备,这总会有助于实现目标。

A:可评估(Appreciable)。将目标分解成小步骤。一个重要的项目可能看起来让人压力巨大,但循序渐进的可执行步骤可以让它更加切合实际。

R：可改进（Refinable）。准备好修改你的计划。当第一次做一件新的事情时，你不可能一开始就对所有的答案了如指掌。但根据你在工作中学到的新东西和获取的新数据，你可以不停对方法进行更新。

CLEAR 方法可以帮助你在一个时间周期内持续对项目的转型进行迭代。通过设定项目前进的方向，它将使你的决策更有效率。你会知道你想去哪里，以及要花多长时间才能到达。这将有助于你以此为基础进行决策，并帮助你取得最终的成功。

将行动分解成更小的步骤，以得出一个结构化的计划。思考团队、部门或公司运营层面的短期和长期目标。设想你的计划应该如何运作，前提是需要在一个现实的时间范围内可量化的目标。在思考这些问题时，你就是在描绘未来可能出现的情况，以及到特定阶段时需要实现什么目标。

在创新项目的初始规划阶段，CLEAR 方法应被用作获得清晰和结构化计划的工具。CLEAR 方法之所以有效，是因为它引入了更广泛、更精妙的考虑范围，而这些考虑因素往往被人忽视，例如你对自己的激情和精力的认识。

创新是一项艰苦的工作。如果你尚且没有做好准备，其他人又怎么会准备好呢？

练　习

使用 CLEAR 方法来分析未来的创新挑战。

C：确定会为你提供支持的团队成员和利益相关者，了解他们能够提供怎样的支持。

L：计算达到项目的每个里程碑所需的时间，以保持团队的高度积极性，并且确保项目的进行符合时间表安排和预算。

E：考虑你自己的准备程度，以及对于办公室外支持你的人（尤其是家人）而言，现在是否适合开始这个变革过程，因为它可能是一项耗费巨大精力的任务。

A：确定项目要达到的里程碑——时间点、使用的资源和资产。

R：添加检查点（checkpoints）以评估和讨论项目进度，确保项目处于正确的轨道上，方便及时进行调整。

1.5　保持灵活

如果你正试图打破部门或团队的孤岛，在公司中实现组织结构和企业文化的转变，那么可以通过灵活的方式实现成功交付。你的计划不应该是僵化的、墨守成规的。实现转型的过程会涉及不同工作习惯的养成、工作实践的改变、新思维方式的应用等，有时甚至会发生一些突如其来的变化，因此很可能需要在项目进行中不断调整方案。创新并不总是以线性方式运行的，所以要随时为可能出现的颠簸道路做好准备。这可以让你在项目开始时拥有一个好的心态。

有一些公司已经形成了能够快速适应环境、应对意外结果的框架结构。这被证明是最有价值的经验之一，甚至可能将企业带向不同的方向。

上面描述的就是前谷歌高管安娜塔西亚·伦（Anastasia Leng）的经历。她曾与合伙人创办她的第一家企业 Hatch，该公司允许消费者使用 3D 打印技术定制任何产品，并可以按照顾客的订单需求定制和送货。

安娜塔西亚·伦（**Anastasia Leng**）

产品定制网站 Hatch 和创意分析软件技术
平台 CreativeX 创始人、首席执行官

2012 年，安娜塔西亚·伦与人合作创办了她的第一家公司——一个产品定制网站。该公司最初命名为 Makeably，后来更名为 Hatch。在此之前，她并没有为该公司的成立做太多计划。这位谷歌前高管说，如果他们曾对此进行详细计划，他们"会意识到这不是从事电子商务行业的好时机"。

"我们的第一单业务在很大程度上是由以下因素驱动的：'嘿，这真的很酷，我们试试吧'"，她说，"如果我们真的坐下来提前计划，我们会意识到这不是一个具备可行性的长期业务。"

安娜塔西亚·伦说，Hatch 公司最初提出的"使电子商务更具适应性"的理论是有缺陷的——这本可以通过更好的策划来改善。

"通过大量的客户反馈，我们最终了解到，人们更关心的是如何以足够低的价格购买到足够好的东西，这样才能获得即时满足感。而我们所提倡的理论是，你可以通过我们的服务拥有你想要的东西，但你必须为此等待更长的时间，而且可能会支付更高的价格。"

在 Hatch 公司，初期的财务规划也本可以更深入。"如果我们一开始就做了更深入的财务规划，我们可能不会选择追求这项业务的成功，又或许我们会通过不同的业务模式来实现它。"

"从本质上讲,我们像许多首次创业者一样做错了一切事情。但我认为,通过这次令人难忘的经历,我们可以把所有这些已知的错误都排除在外,并从中吸取教训。当我们推出第二家公司 CreativeX 时,我们能够从一开始就做出正确的决策。"

1.6 开始行动

形成一个初步的框架有利于增加成功的可能性,创新就像一种动物,它是非常有机的,可以在任何地方发生。

"关键是快速开始行动。你永远不可能得到完美的结局。如果你一味寻求完美,你最终将无所作为,因为完美意味着你需要做更多的研究,也要有更多的管理和更多的控制。"德勤公司的马克·利里说。

从软件到律师事务所等行业的高级管理人员都同意利里的观点。德丰塞卡表示,你应该做好准备随时适应,因为"衡量标准和市场总是在不断变化,然而在那些你必须做好的关键事项上,你不得不做出决策下出赌注,在那之后,你依然需要不断适应和调整"。

全球性律师事务所霍金路伟(Hogan Lovells)的迈克尔·戴维森(Michael Davison)说:"组织越大,过度计划带来的诱惑就越大。你可能有很好的想法,但也有可能是过度思考了。你需要在灵光一现的时候采取行动,只管去做,而不是让这些一闪而过的想法消逝。"

"如果一个想法需要 6 个月的时间来计划和实施,6 个月后人们的生活已经向前发展了。"

今天,创新的周期比过去要短得多,德丰塞卡认为,"企业数字化转型实际上是一种持续的生活方式,因为当你认为你已经完成了一个项目时,你又必须立即开始开展下一个项目。因为技术一直在升级,所以你永远不会真正完成数字化转型的工作。这确实是一个有点与众不同的角度。"

公司不得不更多地使用敏捷(agile)管理方法来观察什么是有效的,第 3 章将讨论敏捷管理方法的相关问题。使用敏捷管理方法,你需要先提出一个假设,进行实验,然后回过头去修正你的假设,然后重新迭代,再继续尝试。在这个过程中,项目将会得到渐进式的改善。在新型冠状病毒感染大流行期间,CNN 的伦敦新闻台就是这样在短短 48 小时内创建了一份时事通讯。

布拉希奈德·希利(Blathnaid Healy)

CNN 数字国际部欧洲、中东及非洲地区高级总监

全球性新闻网络 CNN 的伦敦新闻台,在 2020 年新型冠状病毒感染大流行期间,不得不在极短的时间内策划出新产品,例如在数小时的时间内构建一份时事通讯。

CNN 数字国际部隶属于 CNN 全球,是 AT&T 华纳媒体新闻和体育分部的一个单元。一天傍晚,它获得了数字化项目的批准。第二天早上开始内测流程,《新型冠状病毒:事实还是虚构》(Coronavirus: Fact vs. Fiction)新闻通讯稿在当天晚上就被发送到 CNN 内部邮箱,第二天,该通讯便公开发布了第一版。

布拉希奈德·希利说,"机构对于类似时事通讯的发布具有很强的专业知识,这些知识已经酝酿了几个月的时间",这是短期策划能够取得成功的关键。

曾经策划过类似通讯的报道和编辑团队成员能够在短时间内倾注他们的专业知识,快速工作并指导他们的同事。他们是"浓缩经验的关键,并把经验输入给我们这些可能对某些场景比较陌生的人",希利说。

"虽然我们没有许多时间来策划,而且这种情况在新闻领域经常发生……你必须在团队内部建立良好的关系,包括跨职能部门的良好关系。团队中需要有一些可以迅速对新事物做出反应的人,以及会因有机会做一些事情而感到兴奋的人。"她说,"他们必须自我激励,并且应对需求迅速做出反应。"

随着媒体技术的发展,图像、图标和排版样式都在逐步更新换代。但是,最初以"弹窗式"新闻通讯开始的产品几个月后仍然在运行。希利认为,在项目刚刚开始的时候,就需要开始考虑你怎样能够支持它长期运转。对于那些正在考虑为一个新产品或新想法制订计划的管理者们来说,这是另外一个可以借鉴的点。

另外一个关键技巧是了解专业知识:"回想那个阶段我们为什么做这件事情,以及我们是如何做到的——其中一件很重要的事是我们设法将很多聪明人聚集在一个房间里,很多想法都来源于此。"希利说。

以一种跨学科的方式广泛听取各种专家的意见,以及就如何更好地触达 CNN 观众这一方面进行合作,是希利团队在时事新闻通讯领域取得成功的关键。

此外,产品的寿命也没有之前那么长。以前的产品可以维持数十年不变,这样,与其相关的员工就不需要改变工作流程。现在,产品的生命周期变短,企业需要更频繁地对其进行升级换代。快速创新使得员工面临的压力增大,因为你可能用了三年,花费了大量的时间和金钱去准备一个产品,但它却已经被市场淘汰了。

在这种环境下,商业上的调整计划层出不穷,在新技术蓬勃发展的地方更是如此。这就是托马斯·斯塔姆在新苏黎世时报公司的经历。2014 年,瑞士媒体公司宣布组织结构调整,将位于苏黎世的新闻编辑室中的印刷和在线记者团队合并为一个编辑团队,那时,斯塔姆的起步是非常艰难的。

虽然高级管理层宣布的调整背后意图是好的,斯塔姆仍然说:"这是一种试图改变组织的做法,但是却没有详细考虑角色和流程",这导致人们对该做什么以及由谁来负责感到不确定。

"关于你要去向哪里的愿景并不总是明确的,也不总是容易理解的。而且,不断涌现的技术也在持续快速发展",德勤英国的数字转型合伙人菲尔·尼尔(Phil Neal)说。

在这种情形下,你需要带着你的团队一起,深耕细作,跨越这条鸿沟。这可能会很艰难,因为道路"并不总是清晰的",尼尔说道。

但一旦有了详细计划,你就会对未来的道路有更多的准备,也更有叮能取得成功。

1.7 下一步如何做

（1）通过本章的练习，思考你需要为你的客户解决的真实问题。

（2）为你的计划拟下第一份草稿。

（3）与你确认的利益相关者讨论计划草案。添加新的视角，避免错过任何一个重要方面，并积极调动需要执行这个计划的人参与进来。

（4）保持灵活的态度，监控项目进度并在必要时对计划进行调整。

第 2 章

变革的挑战：处理"阴暗面"

作为变革推动者,你应该对遇到阻力有一定的预期。你很可能会遭到抵制,因为在转型项目中,发生大小冲突都是正常的,尤其是在人们担心自己的角色会发生变化,甚至失去工作的状况下。

我们将其称为变革的"阴暗面",因为领导变革投入巨大,容易令人心力交瘁。推动变革可能会耗费大量的时间和精力,因此你需要仔细地权衡项目,以确保这种投入是值得的。

本章将讨论变革中可能面临的挑战类型,以及应对它们需要做哪些准备。本章为你提供可迅速部署的策略,以巧妙地赢得反对者的支持,改变他们的工作方式。部分同事会认为自己在工作中的角色受到了威胁,因此对变革不买账。与这些同事发生意见冲突是十分现实的,这之中不仅会爆发争论,还可能会有挑衅、破坏行为,甚至是敌意。

欢迎迎接创新的挑战——管理者需要具备勇气和韧性,才能成功驾驭任何冲突和反对意见。但请对成功抱有信心,这些"阴暗面"问题能否被妥善解决,主要取决于如何进行过程管理,以及如何在整个过程中支持和鼓励员工。

2.1　人们为什么抵制变革,他们为此做了什么

贝莱德集团前董事总经理汤姆·福廷认为,转型是"与人有关"的。"如果你忘记了它是与人有关的,你将会面临持续的失

败。因为你要明白最终获胜的不是技术，而是人。"汤姆·福廷曾经监督过金融服务领域中的一些特大转型项目。

西班牙对外银行(BBVA)负责监督数字化转型的全球设计主管玛尔塔·贾瓦洛伊斯(Marta Javaloys)对此表示赞同："对变革的抵制是很自然的。作为人类，我们天生就要反抗。"

但是，如果你能理解人们反抗变革背后的原因，你就更容易有机会识别潜在的冲突，并缓解冲突。

根据约翰·科特(John Kotter)和莱昂纳德·施莱辛格(Leonard Schlesinger)在《哈佛商业评论》发表的文章《选择变革策略》(Choosing strategies for change)中提出的模型，抵制变革的主要原因有 4 个，以下分别列出。

1. 利己主义

有些员工更关心变革对自己产生的影响，而不关心变革对企业有哪些影响。这可能与员工激励有很大关系——员工可能会认为做出改变得到的回报并不能补偿改变带来的痛苦。这可能是因为变革让他们失去了对熟知领域或职位的控制，这可能会让他们以微妙的方式对抗变革。

西班牙对外银行的贾瓦洛伊斯表示："人们的反抗，意味着他们的前进和发展受到了某种阻碍。"如果是管理模式高度扁平化的组织，他们可以对转型方案提出反对，并与高级管理层讨论他们的提案。他们可能会说服其他那些没有完全参与到变革项目中的高管们接受他们的方案，也可能拒绝遵守转型的流程，阻碍团队对于项目的认同，甚至暗中破坏项目。

如果他们在上述任何一项中取得了成功，他们就会拖延变革，这不仅会阻碍项目的进程，还会阻碍公司的发展。

安娜塔西亚·伦（Anastasia Leng）

创意分析软件技术平台 CreativeX 创始人、首席执行官

安娜塔西亚·伦曾多次与跨国公司合作，转变他们对图像和视频内容的处理方式，她发现公司遇到的阻力往往归结于合作机构规避风险的方式。

她谈到，"只要想做，每家公司都有能力进行数字化转型。问题是他们是否真的想这样做，他们是否具有合适的管理结构和框架，从而能够成功地推行这一计划。我们看到有些公司在这方面做得特别好。"

其中之一是曾与之密切合作的联合利华公司（Unilever），一家消费品制造商。安娜塔西亚·伦讲到，这家跨国集团开放性地思考了公司可能在哪些方面遇到阻力，以及如何能够"未雨绸缪"。

例如，CreativeX 公司遇到的一个常见阻力是当公司对于合作代理商落地新概念方面的效率衡量突然采用了可视化方案。可视化的数据可以清晰地表明哪些代理商做得好，哪些做得不好。这对于某些员工是一个棘手的问题，员工们也常常出于自身利益"反击"。

联合利华对这一点的预见性很强。他们与 CreativeX 合作，制订了一个计划来推动工作流程的变化，在公司范围内解释这项改变对每个人的好处，并让所有的代理商伙伴都加入进来。当时，CreativeX 也在思考如何在一个可能有数千家合作伙伴的组织中进行有效沟通。

安娜塔西亚·伦说："联合利华是一个非常好的合作伙伴，对于在全局范围内推广新技术的方式考虑得非常周到，所以 CreativeX 能够顺利过关。"

CreativeX 也见证了一些推行变革不太成功的公司。对于这些公司，接下来发生的情况是"对每个人来说都不太成功"的。

这种情况通常发生在高层领导不买账的情况下。安娜塔西亚·伦谈到："你可能会遇到这样的公司——公司中有一个人对此感到兴奋，并认为这就是他们应该操作的方式。但为之感到兴奋的人可能没有权力这样做。他们也许没有受到资深人士的重视。"

2. 沟通不畅

沟通中的误解很可能来源于信息缺乏或者含糊的沟通。在团队鲜有投入或协商的情况下，决策可以被视为是管理者强制的。

由于缺乏时间来适应转型的意图、消化思考转型对自身职业生涯的意义，可能会导致部分员工的抵制。这种情况往往会在领导层秘密制订计划、决策对其他员工不透明时发生。通常在这种情况下，管理者和员工之间的信任度也会降低。

这就需要团队内部有一个勇敢的人，在转型初期做出一个非常明确的声明，并让团队中的绝大多数人真正相信它。如果缺乏这种重要的互动，情况就会开始变得政治化，进而可能引发员工的个人情绪。处理这种情况是非常棘手的，并且可能使冲突升级。这种情况发生时，就可能需要外部调解员的介入。

3. 恐惧未知

在心理上，一些员工对变革的容忍度很低，因为安全和稳定对于他们而言是很关键的因素。人们通常会试图规避恐惧和不确定性。"我认为最切中要害的部分是人们对发生新变化的恐惧，以及这是否会让他们觉得自己处于危险当中"，西班牙对外银行的贾瓦洛伊斯说。

某些无法适应新情境的员工会将变化视为一种威胁。贾瓦罗伊斯说："解决这个问题需要在组织方面加强管理。"

这种情况之所以发生，是因为对于普通人来说，改变习惯是非常困难的事情，因此，一种常见的情况是，虽然企业在不断向前发展，但流程可能不会，甚至当流程已经过时的时候，员工仍然在以低效的方式工作。

金融科技平台 iCapital Network 的首席运营官汤姆·福廷在资产管理行业的职业生涯中经历了这种情况，CreativeX 的创始人安娜塔西亚·伦在与外部合作伙伴合作进行转型项目时也遇到了同一问题。

"人们都是不理智的生物，不喜欢改变。过去十年来，有人一直在以一种固定的方式做事，而现在你告诉他们要以不同的方式做事。即使客观来讲新方法更好，他们也不会感觉更好，因为那对于他们来说是不同的"，安娜塔西亚·伦说道。

这种行为在一些日本公司也屡见不鲜。日本公司对数字化的抵制十分强烈，甚至一些公司至今仍在使用软盘这种诞生于50年前的存储设备。

2020年，日本瑞穗银行（Mizuho）首席执行官酒井辰文（Tatsufumi Sakai）告诉英国《金融时报》，基于纸质文件的系统在日本金融机构及其客户中仍然广泛存在。

在英国《金融时报》内部，当新闻编辑部试图鼓励记者"数字至上"时，员工的心态转变也需要很长的时间。"这并不是因为大家刻意阻挠，这些变化并不是他们自然习惯的方式，所以人们很容易回到原来的样子"，时任《金融时报》电子版（FT.com）总编辑罗伯特·施里姆斯利（Robert Shrimsley）说，"当有大新闻即将爆发时，你会听到新闻台在讨论人们将要采取什么行动：

'对于网页即将更新的情况,我们已经迅速接受'。"

"然后,他们的手就会举起来,开始在空中勾勒出页面:'我们正在进行分析,撰写提纲……'你会发现他们仍然完全沉浸在纸媒(报纸)的思维模式中。"

汤姆·福廷（Tom Fortin）
贝莱德集团（BlackRock）前执行总监

汤姆·福廷说:"我曾说过我的工作就是让人们做他们不想做的事情。"事实上,福廷不仅参与了 2006—2008 年黑石公司对美林（Merrill Lynch）投资公司的收购,还参与了 2009—2013 年整合巴克莱全球投资者的工作。

福廷说:"有些人可以成为你的同盟和转型导师,但其他一些人却可能表现出被动攻击的态度,尤其当你不关注他们在转型中的处境时。有时,商业流程已经 15 年没有改变,人们仍然以他们创办公司时的方式运作公司。"

"他们像厨师一样工作,恰如寓言故事里一样,厨师在把一大块牛肉放入一个稍小的平底锅烤炙之前,常常先把最后三分之一的牛肉切掉。即使他们后来拥有一个更大的平底锅,可以轻松容纳一整块肉,他们仍然会像以前一样依样画葫芦地重复这个步骤。当被问及为什么时,他们说这是因为他们之前的平底锅比较小,必须切掉一部分肉。"

福廷说:"这个故事总是会引起共鸣,因为这就是人们正在做的事情。"当他试图简化资产管理行业的一个业务集团的流程时,他遇到了一个不愿改变工作方式的团队。该集团正在管理 8000 亿美元规模的基金,因为承诺客户投资组合中永远不会有现金,因此不管交易的份额有多小,他们都会将新的现金流分配到这些基金中。

所以,团队必不得不去投资每一美元,甚至每一分钱。但这种操作意味着,处理一笔只有10美分的交易可能要花费数十美元的成本。

福廷深入研究了这些流程和背后的数据,意识到现金原本就已经存在于投资组合中,因为购买基金时会支付股息。他利用数据打破了"投资组合中永远没有现金"的"神话"。

"突然之间,每个人都恍然大悟:'哦,原来我们可以重新考虑我们正在做的事情。'"福廷分析了更多的数据,找出他们将小于100美元额度的现金分配给10亿美元基金的次数。数据分析表明,交易中有30%是小额交易,所以他们停止了这些小额交易。福廷说:"我们删除了30%的交易,使业务整体更有效率。"

福廷说:"要实现业务转型,唯一的办法就是了解业务流程、业务目的、上游贡献者、下游依赖关系,然后利用数据和事实,让人重新思考自己为什么要这么做,并打破原有的行为模式。"

4. 意见相左和缺乏远见

众所周知,员工们对变革的原因有着不同的看法。他们可能会对变革的利弊产生分歧,例如认为变革对他们的个人和企业来说成本大于收益;抑或高层领导对企业未来的发展缺乏远见或预见性。这方面有许多著名的例子,例如,1946年美国电影制片人达里尔·扎纳克(Darryl Zanuck)对电视的概念表示反对。他说,没有人会喜欢每晚"盯着一个胶合板箱子"。1943年,IBM总裁托马斯·沃森(Thomas Watson)说:"我认为全球市场对计算机的需求只有5台左右。"

这种思维方式不仅局限于 20 世纪 40 年代。2008 年,视频租赁连锁公司 Blockbuster 的首席执行官吉姆·基斯(Jim Keyes)对美国金融服务网站"傻瓜投资服务"(The Motley Fool)说:"红盒子(RedBox)和网飞(Netflix)甚至都不是我们的竞争对手。"然而,Blockbuster 公司 2010 年就宣告了破产。

在同事中间,你还可能会遇到一种观念,即认为一个项目只是转型计划中的最新迭代,随着时间的推移,它会逐渐消失。

Zoom 视频会议公司国际部门负责人阿比·史密斯(Abe Smith)在其他公司也看到了这种情况:"我在其他组织中发现的一个挑战是,尽管你想帮助客户,但你和客户之间仍然存在边界。我认为,**关怀**是克服这些挑战并提供最佳客户服务的基础。"

有时,我们可以从业务的某一部分预见到未来的发展方向,从而先对这部分进行数字化转型,之后再让同一公司的其他部门或区域跟随其后。

在英国-澳大利亚矿业公司力拓集团(Rio Tinto),一支位于新加坡的商业法律团队从客户的角度开展数字化转型,包括思考客户购买铁矿石的流程。该团队将采矿合同数字化,合同页数也从 100 页精简到 15 页。

该团队采取以客户为中心的方法,精简了语言。合同可以在微信平台上签署——因为这是他们的顶级中国客户要求的。根据英国 RSG 咨询公司(一家拥有数十年法律行业分析经验的专业研究和咨询公司)的瑞娜·森古普塔(Reena Sen Gupta)的说法,"这种合同签署的方式很快就被广泛应用,使得铁矿石的销售量翻了一番"。

2020 年,亚太地区法律团队因其工作方式的改变获得了创新律师奖。

即便是先进的法律企业团队,其数字化转型的速度也并非是均匀的。"不同的司法管辖区有着不同的文化方法。例如,一些美国法律团队更加抵制数字化进程。不难发现,他们使用Lotus Notes,一种已经逐渐走向衰落的网络协同办公平台;或者会反复思考法律是否能从数字化中获得任何价值",森古普塔说,"许多人认为法律专业——律师及其所做的工作——在本质上是不同的。律师是一个基于先例的职业,而法律行业中没有数字化的先例。只有经历一次行业'革命',律师才会全面接受电子签名。"

2.2 冲突和政变

"动荡、不确定、复杂和模糊"(Volatile,Uncertain,Complex and Ambiguous,VUCA)是美国陆军为描述战争而创造的一个短语,但它也可以用来比喻变革项目。因为变革项目会让人感觉像是一场战争。你会发现自己被卷入了典型的"阴暗面"行为,例如,处于被动攻击的状态;在压力大、时间紧的环境中缓慢执行任务;拒绝接受工作;同事们在明知会引发冲突时仍以直率的方式表达他们的观点。有时,这种怨愤会积累起来,人们会冲出办公室,甚至企图推翻管理层。

安妮·博登(Anne Boden)就是一个不得不处理这些事情的人,她在英国创立了一家数字银行 Starling。这位前爱尔兰联合银行(Allied Irish Bank)的首席运营官在她的书中写到了她在 Starling 银行的历程和挫折。

书中有一章的标题是"濒死体验"。这一章描述了在一笔关键的投资交易失败后,当时的首席技术官突然辞职,高级管理团队的成员也与他一起离开了。安妮·博登当时受到极度惊吓,一度面临"不亚于一场政变"的情况,因为离开的成员成立了一家足以成为她们竞争对手的银行,这家银行就是英国大名鼎鼎的 Monzo 银行的前身。

安妮·博登（Anne Boden）

英国 Starling 银行的首席执行官兼创始人

"作为一个团队，我们在 Starling 经历了太多：起起落落，极大的胜利和沉重的打击，但是我们经受住了一切。有时候我们几乎到了崩溃的边缘，但我们挺过来了。现在只不过是又一次的投资交易失败，与以往相比又有什么不同呢？"博登写道。

2015 年，这在当时是一个大新闻。当博登团队的高级管理成员突然离职时，Starling 银行的未来发展存在着很大的不确定性。

"我遭受的是耻辱"，博登说，"这件事被各处的媒体报道……那天傍晚，我约了一顿晚餐。我仍然能回忆起当时我走进餐厅的脚步，那时我思索着我将如何面对人们。你知道，我仍然可以回想起桌子周围的人，听到他们在议论什么，我的感觉如何。但最终我还是去了那顿晚餐，我打扮得很漂亮，还化了妆，我挺过来了。"

"但是我们也不要过于看重它。这不是生死攸关的事情。我不会因之而饿死。我只是需要处理我对已经发生了的事情的想法和我对自己的想法，以及我在别人眼中的形象。我认为必须保持这种特质。"

博登度过这段时期的技巧是她借助了自己的韧性，并且积极进行自我管理。"有一种很好用的技巧，就是意识到你在那一刻的真实感受。当这件事发生的那一刻，我的感受非常非常强烈。但是……事情会改变。我们要学会在当下处理自己的感受。第二天情绪可能还在那里，但我们要保持前进"，博登说，"韧性实际上是一种可以被锻炼的'肌肉'，通过锻炼它，我们会变得更好。"

"如果事情真的很难,我必须做一些非常困难的事情,我认为可以把这种消极的情绪和消极的压力转化为积极的行动,试图改变情绪。我经历过非常艰难的时期,并设法活了下来,然后又去做了一些更有趣的事情。"博登说。

练 习

(1)考虑人们抵制改变的 4 个主要原因,并确定哪些可能适用于你的团队成员。

(2)写下你应该与谁交谈,并计划询问他们哪些问题,能够促使他们加入转型项目。

(3)如果你在一个以共识为导向的文化中工作,试着通过与每个有抵制情绪的团队成员单独进行头脑风暴来讨论出一个解决方案,以帮助他们采取不同的做法。如果这让你感觉压力过大(例如你有一个非常庞大的团队),请跳过,并思考问题 4。

(4)通过每周召开会议,与团队全体成员进行开放式对话,以便员工以建设性的方式抛出任何问题。积极鼓励员工在有任何担忧时与你联系。

图 2-1 改编自《什么是变革抵制管理计划,以及什么是团队和组织的最佳实践、工具和在线模板》。

谁是关键的利益相关者?	为什么他们抵制变革?	他们抵制的程度如何?	他们的影响力如何?	你们将如何选择?	哪些人会支持你?

图 2-1 变革抵制分析模板

你可以使用上述练习中涉及的步骤分析具体情况，填写上面的模板中每一列要求的答案。

通过这种方式，你可以建立一种结构化的方法来分析具有抗拒情绪的团队成员，并为其制订详细的行动计划。通过逐一考虑每个项目的利益相关者，你将获得有关项目推进的新见解和新方法。

2.3　面对冲突，可以做些什么

管理者可以通过多种方式影响抵制变革的行为，并取得积极的结果。事实上，大概率不存在一个适合所有人的答案，在现实中你需要应用多种策略组合来应对你所面临的情况。你可以通过制订个性化策略来预测可能发生的问题，并给出解决方案，而不是试图以渐进的方式来解决。

针对上面人们抵制变革的 4 种原因，科特和施莱辛格提议了 6 种解决方法。通过以下混合方式，可以缓解紧张局势，预防"政变"的发生：

- 沟通；
- 参与和支持；
- 协商并达成共识。

1. 采取何种策略

下面的几种方法不仅在我们的经验中奏效，而且也适用于我们访谈的公司。建议读者从项目初始阶段就使用这些策略的组合来制订适合自己公司的策略，来适应所面临的具体情况。

- 在整个项目开展过程中保持周期性的沟通，以推动你的愿景，促进团队对其的理解和认可。
- 参与和支持，广纳良言，寻求同事的观点——他们可能会提出其他有利于项目进展的方案。

- 协商并达成共识,以确保所有利益相关者都清楚他们可以从项目中获得的好处。

策略 1:沟通

在变革正在发生的时期,再多的沟通都是不为过的。你可以多次开展一对一沟通、团队会议、部门会议以及面向全公司的"市政厅"会议(townhall meeting)。这些会议不仅是相同信息的重复,也反复向员工们强调了为什么变革是必要的,并为所有人理解公司的发展方向提供了语境。作为变革的主导者,你应当发挥自己在强调信息方面的作用。通过阐明变革的理由,帮助避免后续可能出现的矛盾和冲突。

在解释变革的必要性时,不仅需要清晰地表述,以加强同事的理解;而且需要真诚和同理心,以推动团队接受想法并开展积极的行动。最好与团队成员保持紧密的沟通,这样有利于他们理解变革的背景,提高他们的参与度。这种方式能让团队成员保持开放、频繁的沟通,有助于建立团队成员间的纽带关系,澄清他们的疑虑。

个人访谈对话有助于缓解公司现存的潜在冲突,但这取决于你要做的事情的背景,如果人们不依赖彼此进行工作互动,那么一对一的单独谈话可能更容易解决问题。

西蒙·西涅克(Simon Sinek)是一位管理咨询顾问和作家,他在一次 TED 演讲中说,"为什么"(或者说是背景)不仅对于制定强有力的公司价值主张至关重要,而且对于打造一个相信自己所做事情的积极主动的团队至关重要。他提到了"什么,如何,为什么"的"黄金圆圈"。

在《从为什么开始》一书中,西涅克写道,每个组织都知道他们在做什么，有些人知道他们如何做到这一点，但很少有人知道他们为什么存在。但是，如果他们确实知道，那么它对于这些人而言则"是一个目的、原因或信仰"。此外，集情感、行为和决策为一体的信息在神经水平上更有效。

"要了解为什么发生这种变化是一件好事，以及其中的困难在哪里，然后以尽可能丰富的形式进行沟通，"《金融时报》编辑部运营和可靠性技术主管莎拉·威尔斯（Sarah Wells）说，"即使变化很困难，你也必须真正感觉到这是正确的事情，否则你无法向人们推销它。"

挑战银行 Monzo 的前首席技术官梅里·威廉姆斯（Meri Williams）也同意。她试图通过向同事解释"为什么"来获得他们的支持，帮助他们了解变革的逻辑。"如果没有为什么，或者没有人与他们分享为什么……他们会积极或消极地抵制，因为他们不会只为了做事情而去做事情"，威廉姆斯说。

然后，你必须继续推广这个信息，因为"人们不一定在你第一次说出它时就能理解它"，威尔斯说。他们可能忙于其他事情，或者他们仅仅是没有仔细阅读所收到的电子邮件。

"你必须一遍又一遍地发送信息，并以许多不同的方式表达，以便人们真正理解它。即使这样，仍然会有人回过头来说：'我不知道发生了什么。'你可以转过身来说，你收到过一封电子邮件，还有一条 Slack 消息，并在这个会议上宣布了这件事，"威尔斯说。

Iberdrola 公司的尼科·阿尔考兹（Nico Arcauz）也认为强大的沟通至关重要。阿尔考兹曾监督一项转型项目，他使用新闻简报进行教育推广，向 4000 余名员工传播信息，以便他们能够理解公司的发展方向。

"当整个组织都认同这个项目时，你就能够创造出一些神奇的东西。这当然是一个挑战，我对此没有一个简单的答案。不如让哈利·波特来施展魔法，因为这一点都不容易"，阿尔考兹说。

《金融时报》编辑部于 2013 年开展了另外一项数字化项目，该项目将新闻室从主要以印刷为重心的运营转变为数字化运营，从个人对话、团队讨论到全公司级大会，以及与全国新闻工作者联合会的磋商会均有定期举行。

沟通是关键，因为文化的本质就是一种集体共识。没有人被迫做出改变，但是，个人需要被说服，才能接受从 4 个晚上的工作模式转变为 5 天，而且需要有团队中的高级管理人员向他们澄清业务原因。长期来看，这种做法取得了回报，许多同事决定进行改变。

总结

- 理解转型的必要性。
- 解释所有决策的逻辑。
- 承认哪些方面存在困难。
- 用尽可能丰富的形式进行沟通。

弗兰克·德文恩（Frank de Winne）

国际空间站（International Space Station，ISS）

第 21 次远征的指挥官

虽然航天员具有特殊的心理素质，而且经过了严格的选拔过程，但管理者仍然可以从他们接受的培训中学习一些经验。

在太空这种封闭、孤立的环境中，航天员接受的训练要求他们及早发现紧张气氛的迹象，或者是否有一些机组成员情绪不佳或正在退缩。

"冲突总是会逐渐加剧，所以有哪些早期迹象——也就是说在冲突爆发之前你可以采取哪些措施来缓解紧张气氛呢？"现任 ISS 计划经理，也是第二位进入太空的比利时人弗兰克·德文恩问道。

当担任 ISS 第 21 次远征的指挥官时，德文恩会确保机组人员尽可能一起用餐，这样他们可以讨论当天发生的任何事情，并查看是否需要对操作进行任何调整。这是一个"没有压力"的时刻，他们可以一起听音乐。每晚他们会轮流选择音乐，以"创建团队动态"。

这对于德文恩而言很重要，当他到达空间站时，他和与他一起飞行的两名宇航员加入了另外三名已经在那里的机组成员。

德文恩说："当你来到空间站时，你必须与已经在那里的团队融合。在飞船上，他们有他们的动态，所以你必须融入其中。"然后会有一个"轮转"，三个人离开，另外三个人进来。"然后团队的动态就会发生变化，因为如果你改变50％的团队组成，团队就会发生变化。"

从文化上讲，机组人员非常不同，通常由俄罗斯人、美国人、欧洲其他国家人和日本人组成。他说："但所有人都有相同的目标。他们想要飞进太空，他们想要完美地完成任务……所以管理起来当然更容易。"

策略 2：参与和支持

变革中应鼓励人们参与，因为他们可能会发现改进现有流程的方法。倾听他们的想法并采纳他们的建议会对数字化进展有所帮助,因为这会赋予他们对项目的"所有权",并让他们开始致力于此项事业。通过授予人们发言权,可以让他们感到被认可和赞赏。"给人们端到端的所有权会带来最好的结果",曾任Monzo银行首席技术官的梅里·威廉姆斯说。

你还可以通过赋予人们责任来帮助你推动变革,这可能会带来长期的支持。但这种方法也有缺点。它可能非常耗时,并且必须小心管理。同时,必须要明确什么是实际可以做到的,什么是不能做到的,这样如果你决定不使用他们的建议,就可以不那么引起他们的挫败感。

作为推动变革的一部分,你可以扮演"桥梁"的角色,要么与团队并肩前行,帮助他们跨越障碍;要么推动他们前进,以实现变革。

在《金融时报》编辑部,监督广播时间表的执行情况需要付出大量的劳力,并通过一种当时普及率很低的软件支持同事,从而使他们的报道发布更加透明。

你还可以使用有选择性的信息发布策略来尝试影响变革。在《金融时报》推出广播时间表(包含故事及其发布时间的透明列表)时,一些新闻编辑部门的负责人不愿意接受它,因为他们认为这会给他们和他们的团队带来额外的工作。

但是,在这些团队中,有几个愿意接受变革的人被邀请参加这个"秘密"项目,并且保证在任何情况下都不能告诉他们的经理。而在48小时内,这些经理就要求参加所谓的秘密项目,并且非常愿意帮助使它成功。

虽然有些同事可能永远不会跨越这座桥,进而选择离开公司,但也有一些人可能会留下来并继续抵制变革。

"在任何变革中,你不可能把每个人都带上车,我认为你必须认识到这一点",在《金融时报》的IT部门负责多个转型项目的莎拉·威尔斯说："如果你在 IT 行业工作，你可能会因为你不喜欢这种变化而离开，但在十年后，这种变化将会在任何地方发生。"

"你需要理解，有一些人在有些情况下就是不希望改变的"，西班牙对外银行(BBVA)的玛尔塔·贾瓦洛伊斯说："你需要管理你的精力，了解哪些背景情况是你仅仅需要接受就可以的，并确定你拥有哪些空间来推动变革并产生影响。"

在转型中，能力问题也可能会成为难题，同事们可能会觉得自己没有必要的技能转型成功。他们可能会担心被迫以不同的方式工作，而他们无法成功适应。他们还可能担心工作量的增加，导致他们被要求用更少的资源做更多的事情，并增加犯错的可能性。

"你需要了解人们的背景、需求、恐惧和障碍，并通过建立这样的画像去找到盟友，从而建立一个你们想要去哪儿、完成什么目标的共同愿景"，贾瓦洛伊斯说："试着思考这种变革对人们的日常生活意味着什么。"

如果人们感到没有得到支持，项目很可能不会成功。

何时强制执行

还有一些执行的要素需要注意——这时你的角色是变革经理。

对不遵守规则的团队施加压力的一种方法，是从那些自愿以不同方式做事的人开始，慢慢地包围抵制者。

汤姆·福廷使用这种策略将团队带到新的工作方式中，他称其为"包围、羞辱"计划。他会确定最愿意改变的团队——例如，他们可能已经提出要运行一个项目——并让他们成功地转变业务实践。

"然后我会逐渐转移和过渡到下一个团队。如果有 6 个团队,最终会有 5 个团队成功转变",福廷说。第 6 个团队仍然使用旧系统,但他们必须承担所有的费用。福廷还会赋予他们决定是否想要改变的权利——最终他们确实改变了。"那是一个痛苦的过程,要确保你能掌控它,但这绝对是实现变革的关键",福廷说。

在《金融时报》编辑部,经常有围绕将脚本截止时间提前 24 小时,在早上 5 点发布脚本,以满足高峰期观众同时在线的需求这个话题的争论。这是项目中一种简化印刷流程并将员工重新部署到数字化岗位的做法。

这个项目需要每天强制执行,近两年时间过后,新的工作方式才根深蒂固。

总结

- 鼓励员工改善流程。
- 倾听员工的想法,并授予他们发言权,让他们开始拥有所有权。
- 让员工负责协助交付。
- 充当战略愿景和现实之间的桥梁。
- 必要时强制变革。

策略 3:谈判并达成协议

谈判达成的协议可以避免针对拟议的变革采取重大行动。有时人们很容易忘记工会的作用,它可以是"朋友或敌人"的角色,视情况而定。如果他们觉得变革不符合团队成员的利益,他们可能会帮助支持或阻碍变革。因此,在工作场合中考虑到工会的重要性,并考虑如何与他们沟通是至关重要的。

《金融时报》编辑部与全国新闻工作者协会(NUJ)的磋商投入了大量劳力,大约需要 18 个月才能达成共识。但它确实避免了大规模的对抗。

在个人层面上，一个人可能会受到许多事情的激励，例如权力、能够胜任的工作、声望或获取新信息。通过了解每个相关方的利益，你可以通过谈判措施来激励团队，如果你有权力这样做的话。

对于利益相关方来说，了解他们的胜利是什么非常重要，对于每个人来说，获胜之处可能都是不同的。不要认为公司很时髦、具有创新性并且将改变世界是理所当然的。

尽管公司有一个明确的目标，但人们可以以不同的方式解释它。对于一些人来说，公司的目标可能与声望或权力有关；而对于其他人来说，公司的目标可能与财务收益或学习新东西的机会有关。了解团队成员的动机和需求可以帮助确定赢得他们支持所需的条件。

大多数人习惯停留在现状，但要促使变革发生，你需要他们站出来。有些人会自然而然地这样做，但很多人宁愿保持现状，除非你能找到对他们有利的地方。

许多冲突的发生往往是因为缺乏对团队成员"需求"的深入理解，例如一些具体并可行的需求。这种"需求"与他们的"想要"不同，后者往往会使人们站在对立面并陷入责备中。从调解领域的典型实例来看，有一种方法是使用"橙子争端"——两个人争夺一块水果，你必须帮助他们找到解决方案。在冲突中，各方往往目光短浅，无法看到冲突之外的东西。

你该怎么做呢？你可以提供解决方案，例如，购买另一个橙子并将其切成两半。但我们不知道这是否可行，甚至不知道各方是否想要这样做。如果我们问为什么，可能会发生其他事情。深入理解"为什么"，可以让我们了解各方的重要性和他们的真实需求。

在这种情况下,一个人说:"我需要橙子皮为我的同事做蛋糕。"另一个人说:"我需要橙子果肉来制作橙汁,因为我感冒了。"

现在我们已经发现了人们的需求是互补的,并通过询问正确的问题找到了解决方案。我们已经从形成一个立场,到理解潜在利益,再到可执行的需求。

但是,这种策略需要以一种谨慎的方式处理,因为在困难情况下人们很容易变得情绪化。与一组肩负任务的人达成工作协议可以帮助你专注于他们的需求,从一开始就对价值观和行为进行对齐,并帮助减轻阻力。它可以有效地帮助你在团队中发现和分享许多新信息,并进行强有力的"内部对话",从而了解团队成员的利益和需求点。

然后,你就能够使用这样的策略来形成团队使命宣言的基础,并且可以将其制作成一份动态文档,可以在项目进行过程中进行参考和调整,并通过项目更多地了解彼此。在时间紧迫且面对大量远程工作时,它将有助于创建坚实的团队基础,从而降低风险并获得认同。

要做到这一点,我们必须超越主观的"口号性词语",例如尊重和信任——当被问及哪些价值观和行为在工作中很重要时,人们通常会说出这些。每个团队成员都必须解释这些词对他们意味着什么。例如,对于某些人来说,"尊重"的最重要方面可能是准时出席会议。对于另一些人来说,"尊重"意味着开放而频繁的沟通。详细的解释可以带领我们发现可执行的需求。

总结

- 如果可能,应协商达成协议和激励措施。
- 理解每个参与者的受益情况。
- 确定赢得员工支持所需的条件。

- 制订工作协议，调整价值观和行为，减轻影响。

2. 不应该采取的做法

我们认为科特和施莱辛格列出的一些方法存在高风险，有可能会适得其反：

- 操纵和收买；
- 明示或暗示的强制手段。

操纵指利用选择性信息来影响反对者的行为。而收买则是请受人尊敬的领导参与转型计划，但并不给予他们任何真正做出决策的权力。

此外，强制手段可能会明确地威胁人们以迫使他们改变，例如可能会让人们失去工作、调整岗位或晋升失败等。或者，暗示如果他们不采用新的工作方式，可能会对业务产生不良影响。

这两种策略都可能导致员工缺乏认同感，只有在必要时才应使用。

练 习

下面是一个很好的后续活动，可以帮助你在上一个练习的基础上继续深入。在团队朝着满足业务需求并创建共同使命宣言的过程中，它可以帮助团队更深入地了解每个成员。

这是一个小组练习，以使你更好地了解团队。这可能需要花费一些时间，例如对于一个五人团队大概需要 2 小时，应该指定一名同事充当会议记录员。

请使用图 2-2 所示的模板来了解团队的需求，具体步骤如下。

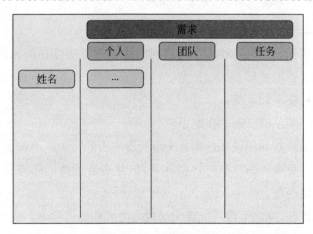

图 2-2 "团队的需求"模板

（1）要求每位团队成员为每一栏列出关键词。他们应该独立完成这项任务，以免受到其他人的影响，因为你想知道对每个人来说什么是最重要的。对于"个人"一栏，需求列出的是其他人需要了解的这个人偏好的工作方式。"团队"一栏需要列出他们对团队的希望。"任务"一栏可以分享他们如何基于自己的经验开展工作。这一步骤通常需要花费 10～15 分钟的时间。

（2）一旦每个人都考虑好每一列的关键词（通常为 5～8 个词）后，他们便可以聚集在一起分享和解释这些词语对彼此的意义，超越"口号性词语"。建议每个人发言几分钟，以便每个人从一开始就参与其中，然后作为一个小组共同讨论得出结果。

这种类型的对话是非常有效的，因为它会带来许多新发现和新信息，可以帮助团队建立更紧密的联系，增进理解，并找到更好的工作和沟通方式。

3. 何时聘请调解人

最后，如果关于转型的冲突继续升级，公司可能会选择聘请调解人来帮助解决争端并重建关系。通常情况下，当员工感到受委屈时，调解人会介入，这种委屈通常是由一个或者多个团队成员造成的，调解人会指导他们如何相互沟通。如果公司有严格的行为规定，团队成员也可以参考该规定寻求调解。

对于公司来说，这样做的优势在于其声誉不会受到影响，因为问题不会被公开化。调解的方法被广泛应用，但具体如何应用取决于国家和公司的文化。如果成功应用，它可以帮助改善组织实践。但如果失败，法律诉讼仍然不失为一种选择。

调解人通常会解释为什么他们要处理这种问题，以设定对话的背景。调解人通过与每个人的单独交谈了解每个人认为重要的方面，以及他们如何看待此问题，同时客观地调查事实。这些对话的结果将被匿名收集并公开讨论，以推动问题的解决。

如果某些人之间存在特定问题，调解人将致力于促进他们之间的对话。所有成功的调解都以由所有当事人签署的协议和后续追踪计划结束。

2.4 下一步如何做

（1）通过建立个人和小组会议，创建开放和持续沟通文化。

（2）了解个人的动机和需求，以便调整你的方法，给每个团队成员一个促成变革的理由。

（3）如果需要，最好对于接受外部帮助持开放态度，因为这表明了管理者的一种持续进步的态度。

第 3 章

锻炼敏捷能力

通过借鉴初创企业的经验,经理人们可以学习、调整相应的企业管理方式,并把它们应用到自己的创新项目中。试验、迭代、为问题提出创造性的解决方案,这些都有助于企业迅速扩大规模。初创企业一般采用小的、逐步递进的步骤,再对其进行审阅与修改,以应对不断变化的业务需求。

另一方面,传统企业通常会花 2～5 年时间进行规划。在2020 年新型冠状病毒感染流行之前,他们还要留出时间调整、应对变数。例如,在《金融时报》集团,某些新闻编辑室的数字转型项目甚至要花大约两年时间才能完全落地。

这里我们要探索的是你能从初创企业中学到什么,以及你能如何应用它。

无论是教育提供商、在线零售商,还是全球媒体和金融服务公司,我们采访过的大多数公司都是在实践中不断迭代的,而不仅是依靠雄心壮志。他们会迅速启动一个项目,并随着项目进展而扩大规模,这种方式已被证明是十分成功的。

这种情况在新型冠状病毒感染流行期间更为普遍。在企业为生存而战时,所有行业都呈现出创新周期缩短和工作节奏加快的趋势。以化工集团英力士(Ineos)为例,在 2020 年,英力士仅用 10 天时间就在德国和英国建立起了洗手液工厂。

"这种活力通常在科技初创企业中更为常见,因为它们是由自身潜力驱动的。不过随着公司规模的扩大,这种活力可能会流失。现在是重新发现和利用它的机会",汇丰银行英国商业银行主管阿曼达·墨菲(Amanda Murphy)在《星期日泰晤士报》上写道。

数字银行Starling的创始人安妮·博登在《银行业：如何颠覆一个行业》一书中写道，在银行业，即使在新型冠状病毒感染流行之前，作为挑战方的竞争者"毫无疑问已经引起老牌银行的警觉，它们像老鹰一样盯着我们的一举一动和创新进程"。博登写道："当大银行在追赶时，我们一直在创新，保持领先一步、两步或几步，因为初创企业是'飞速进步'的。"

3.1　调整、学习的途径

之所以选择强调"持续改善"(Kaizen)、"精益"(Lean)和"敏捷"(Agile)这3种方法，是因为根据我们的经验和对近50家公司的采访，这些是使用最广泛的术语。这3种能为企业带来重大成果的方法宽泛但相似，都把学习和适应放在了核心位置。任何公司都可以运用这种思维来发展业务。

但是，一些管理者可能会因为时间紧迫而无法决定使用哪一种。然而，了解这些方法如何能够帮助你和团队进行创新仍然是很重要的。否则你可能需要冒着三心二意的风险，最终导致失败，而且每一次失败都会让下一次努力成功的可能性更小，商务社交网站领英(Linkedln)上的一篇文章称。

1. 持续改善

"持续改善"是第二次世界大战后为帮助重建日本经济而提出的一个概念，但在今天，人们认为持续改善是一种通过员工的帮助来提高效率和质量的方法。它基于两大支柱：

- 持续的改进；
- 尊重他人，团队合作。

持续改善应用的一个著名例子是"丰田之路"（Toyota Way），该汽车制造商的任何员工如果看到了异常情况，都可以叫停生产过程并提出改进建议。丰田公司的官方网站称，"持续改善是一种思维方式，它鼓励并赋予每个人权利，让他们找出应该在哪里改变，以及如何做出微小的改变，从而使企业、团队或个人表现受益"。例如，你不必在两个大项目之间进行选择，而是可以让所有利益相关者参与进来，并在项目推进过程中逐级检查进度。

"持续改善"现已成为"精益"与"敏捷"管理理论的基础，这两种理论发源于美国的软件开发领域，同时也与不断迭代紧密相关。

2. 精益

企业家埃里克·里斯（Eric Ries）在《精益创业》（*The Lean Start-up*）一书中写道，精益就是了解你的客户想要什么，不断测试，然后适应和调整。他概述了该方法的 5 个原则。

（1）**企业家精神**："企业家"包括每一个必须在极度不确定的情况下创造产品和服务的人，里斯写道："这意味着企业家无处不在，精益创业方法适用于任何规模的公司，不仅适用于非常大的企业，甚至适用于任何部门或行业。"

（2）**企业化管理**：在动荡时期茁壮成长的内部创新者（Intrapreneurs）所使用的一种新型管理方式。

（3）**验证学习**：运用实验来测试愿景。

（4）**构建、衡量、学习**：将想法转化为产品，衡量客户的反应，从而判断是转换方向还是继续坚持。

（5）**承担责任**：关注如何衡量进度，如何设置任务里程碑，以及如何安排工作的优先级。

网站 www.lean.org 上的一篇文章称，精益背后的核心理念是"最大化客户价值,最小化浪费"。该文章表示,消除浪费可以创造更高效的流程,与传统方法相比,这些更高效的流程节约了生产产品或服务所需的人力、空间、资本占用时间,也减少了相应的成本和缺陷。

例如全世界最大的服装零售商印地纺(Inditex),他们在全球 93 个市场运营。在其旗舰时装连锁店 Zara 中,印地纺采用了精益方法,以提高生产和仓储流程的质量和效率。在新型冠状病毒感染流行期间,人们尤其看到了精益生产带来的好处,彭博社(Bloomberg)报道称,印地纺的"快速反应战略"使 Zara 门店的运营商在封锁期间减少了库存,提高了上半年的收益。

3. 敏捷

"敏捷"是一种迭代的方式,通过与多学科团队的协作,快速向客户交付价值,并对不断变化的业务需求做出响应。它起源于 2001 年由一群美国软件开发人员起草的"敏捷宣言的 12 项原则",宣称它可以帮助找出开发软件的更好方法。敏捷方法的其他原则包括以下几点。

- 迭代:即使在项目的最后,也接受变更需求。
- 协作:相信同事能在自我管理良好的团队中完成工作。
- 持续关注:追求卓越的技术,以提升灵活性。
- 反思:根据反思得出的结论做出调整。

根据麦肯锡官网上的一篇文章,如今,敏捷方法已从科技行业应用到电信、银行,甚至采矿和油气等其他行业。敏捷模型的目标是"尽早开发出一项新产品或服务的原型,并尽快送到客户手中"。

这些项目通常采取小步快跑的方式,不断评估需求、计划和结果,因此能够快速响应任何变化。

这些团队的领导风格是通力协作和自组织性强,因为团队往往处于最佳配置,能够了解如何根据资源和限制来交付项目。

4. 3 种方法的相似之处

上述 3 种方法都常用在快节奏的企业中,这些企业的创新资源有限,这 3 种方法既可以以自然的、即兴的方式应用,也可以采用更结构化的方法组合应用。麦肯锡的报告表示,在改善商业体系方面,这几种方法有许多相似之处:

- 为客户有效地交付价值;
- 不断学习和提高;
- 将战略和目标联系起来,赋予团队目标;
- 让人们做出贡献。

这几点都关注的是,与所有利益相关者一起使用小步骤迭代的方式来做出更好、更快的决策,从而改善生产和其他流程。

5. 在持续改善、精益和敏捷中做出选择

方法	要 点	优 势	劣 势	何 时 使 用
持续改善	持续改进	提高产品质量	扭曲管理系统	要建立与员工的密切联系时
精益	提高效率	资源优化	增加压力	要培养"测试思维"时
敏捷	自我管理的团队	增强灵活性	难以预测	要加快团队适应性时

关于本书的目的,我们相信要点在于无论你选择哪种方法,通过使用逐步递进的方法,定期检查进展,你能够在必要时调整你的计划。来自麦肯锡的一份报告支持了这种想法:"我们发现,许多领导者和组织会犯一类错误,即认为他们需要在敏捷和精益之间做出选择。事实上并非如此。不仅选择是不必要的,而且这两种方法还可以相互补充,为了增强它们产生的效果,通

常可以利用技术来加速转型。"

我们采访过的许多公司都支持这一观点。正如 Monzo 银行的前首席技术官梅里·威廉姆斯(Meri Williams)在经验中发现的那样,公司使用哪种方法并不重要,重要的是公司是否"检查和调整"了它们的工作方式。威廉姆斯说:"许多企业管理者认为他们正在采用敏捷方式来实现转型,但如果他们不进行测试、学习、检查和调整,那对我来说会是一个巨大的危险信号。因为你有多个团队,而且他们都使用相同的流程。"

接下来,我们将从这 3 种方法中找出能在实践中发挥最佳效果的因素。

3.2 如何实践

1. 先尝试:迈出第一步

将一种孤立的、难以改变的文化转变为一种实验性的文化可能是颇具难度的。管理顾问兼作家彼得·德鲁克(Peter Drucker)认为,毕竟大型组织不可能是全能的,因为它们通过规模而非灵活性来提高效率。德鲁克说:"跳蚤可以跳到倍于自身的高度,大象却做不到。"但大公司可以逐步采取措施,从一些小的方面开始改革。这些小步骤的迭代会逐步产生连锁反应,最后的成功是不言而喻的。

我们采访过的许多企业都鼓励实验文化和内部创业观。在英国《金融时报》集团,变革的方式几乎像是进化,而不是革命。2020 年接受采访时,正担任英国《金融时报》B2C 业务全球营销总监的菲奥娜·斯普纳(Fiona Spooner)表示:"我们要做的事情是不断改进、不断学习和不断进化。"

在这种环境下,编辑新闻时,小团队会被鼓励以创新的方式来进行呈现。

2017—2019 年担任英国《金融时报》数字传播主管的罗宾·邝(Robin Kwong)花了大量时间思考"讲故事的新方式或新的新闻体验"。他利用这个机会学习了敏捷性流程,并将这些经验教训应用到新闻编辑中,例如创建新闻游戏或者帮助开发其他项目。《金融时报》网站上的城市旅游指南《环球旅行》(*FT Globetrotter*)就是如此开发出来的。

安妮·博登还将自己在金融科技领域的经验充分运用到爱尔兰联合银行(Allied Irish Banks)的转型中。她于 2012 年加入该银行担任首席运营官,之后她又创建了 Starling 银行。"我基本上对所有地方都做了清理……这就是我们要重塑流程的地方。"

"结果非常成功。我们制订了流程,从一开始就以最好的结果为目标。我们的立场是,无论在重塑流程的道路上面临什么挑战,我们都要做到。"博登说道。

2. 快速开发,尽早获得反馈

不害怕尝试新事物是一个组织不断前进的关键。最小可行产品(Minimum Viable Product,MVP),指开发具有足够功能的基本产品或服务,以便于在产品推出的早期吸引用户。这是让新想法起步、得到反馈,再改进它的好方法。最小可行产品能够帮助产品度过初始开发阶段。

"最小可行产品不是原型。它们是你能建立、能看到或能做到的最低标准,但它能真正检验你想要验证的那个假设",德勤数字化转型合伙人菲尔·尼尔(Phil Neal)说。

开发最小可行产品可以被视作企业应对产品创新挑战的一种方式。

3. 构思问题

你可以通过简单的步骤来启动最小可行产品的方案。首先,提出你想要回答的具体问题,在此过程中,应专注于为客户和企业带来价值。

德勤在与客户的合作过程中采用了一种称为"风险路径"的方法,它能够帮助组织和聚焦你为创新所做的努力,包括最小可行产品的方案。

尼尔说:"有些人认为创新是一种创造性的东西,是一种魔法,你需要坐在黑暗的房间里冥想。在创新的背后,其实是一组简单的问题,以业务为导向,你可以从中学习,并决定随时转向或停止。"你可以先问自己以下 3 个关键问题。

- 是否存在需求?
- 我们真的能做到吗?
- 这真的值得吗?

尼尔说:"在你围绕创新而思考的过程中,必须能够反复回答这 3 个问题,才能成为赢家。"

罗宾·邝在 2019 年担任英国《金融时报》编辑部的数字交付主管时采用了这种 MVP 方法。当时他正在与人合作开发一款名为"权衡"的新闻游戏,这是关于未来公司构想的系列文章的一部分,最初只是一个简单的电子表格。他试图回答的问题有以下几个。

- 游戏是否创造了令人愉悦且容易上手的体验?
- 游戏玩家真的能通关吗?
- 游戏玩家从中学到了什么?

然后,团队对"这款游戏的最小版本"进行了小规模用户测试。罗宾·邝说,通过用户测试,他们能够快速修补漏洞,"快节奏且低成本"地进行更改,并在此基础上构建原型。

　　新型冠状病毒的流行促使许多企业必须采取迅速的行动。一个快速适应的领域是教育,世界各地的大学、学院和学校都转向了虚拟课堂。马德里 IE 商学院(IE Business School in Madrid)就是其中之一,它使用最小可行产品方法启动了网络研讨会。IE 学习创新总监约兰塔·哥兰诺夫斯卡(Jolanta Golanowska)表示,IE"用少量的课程做出了最小可行产品的外部原型",并在 2020 年夏天进行了改进。

　　他们很快在 9 月份进行了"测试",并在 10 月份收集了反馈,这带来了进一步的修改和另一轮反馈。哥兰诺夫斯卡说:"这就是不断的改进。"

菲奥娜·斯普纳(Fiona Spooner)

2017—2021 年担任金融时报 B2C 全球营销总监

　　英国《金融时报》的营销部门采取了一种最小可行产品的方法,进行了一次"先试再买"的试验,让消费者在 30 天内能够免费访问网站。在此之后,用户可以选择只看网站的一部分内容,或者花一笔小钱登录。菲奥娜·斯普纳表示:"我们最初建立的网站相当于测试中的最小可行产品,目标是在测试结束后向人们推销它。"

　　她说,尽管初衷是好的,但大家一致认为这个项目"没有成功,因为它相应地减少了订阅量"。他们很快采取措施终止了这个项目,但与此同时,他们鼓励团队依然要勇于实验。

　　但斯普纳警示道,人们在接受失败的时代中仍应保持谨慎。她收到了一大堆表示称赞的电子邮件。虽然团队中有人说这已经失败了,但斯普纳说:"不,它没有失败。这要看你如何定义失败了。是的,它并没有让我们赚很多钱。但是,如果你和每个人重新梳理这一切,你就会说:'嗯,事实上,我们知道了我们可以如此之快地完成这一项目,我们知道了我们可以在一周之内搭建好一切。'"

该团队了解到,成千上万的人注册并使用了该产品。"所有这些尝试都是有效的。只是我们没有把收尾做好……但其中70%的工作依然是有效的。当下人们被鼓励要去庆祝失败,所以把它当作彻底的失败其实更容易。但我们要在过往工作的基础上坚定向前。"

3.3 如何降低创新成本

关于如何进行小规模的简易测试,尼尔指出,即使在大公司,你也可以仅花50英镑(即500元以内)来进行创新。你只需要咨询一些客户:如果我们决定开发这项产品,你们是否会对这个产品感兴趣?

尼尔说:"你可以在网站上放一个转向空白登录页面的链接。比如你是巧克力棒制造商,那么你可以询问用户是否有兴趣拥有一根个性化的巧克力棒,然后统计这个链接获得了多少点击即可。"

接着你可以看看在技术上如何利用供应链。尼尔说:"你可以从小规模、低成本的试点入手,直到你对所有问题胸有成竹。这能够帮助你建立信心,然后你才能再去要求更多的资金投入,然后再对每个问题进行假设与测试。"

这种方法可以用于付费营销或社交媒体营销,以便以更准确的方式测试需求。接着你可能需要考虑执行的细节，然后形成商业案例。尼尔说："你需要围绕一个商业问题进行创新，并采用一种简单的结构化方法支撑整个创新周期。创新并不难，你只需要找到一个改变的理由，这个理由可以是商业价值、社会价值，或是在某种程度上为了避免已知的痛点。"

练　习

思考德勤关于最小可行产品的三个关键问题，并写下你的答案。

（1）是否存在需求？有客户想要为此买单吗？我们是否已经通过调查、基准分析、趋势分析等方式验证了真正的利害关系？例如，前面提及的草地网球协会（Lawn Tennis Association）无法尽快为尽可能多的客户提供服务，诸如此类的痛点是否得到了解决？

（2）我们真的能做到吗？这是许多人开始尝试创新时面对的问题，而这个问题通常是由技术层面产生的。但尼尔说，这是"一个错误的起点"。"这种解决方法反而会引发问题。"不过这是应该问的几个问题之一。我们手头是否有预算、能力、经验和所需资源，还是必须寻求外部的帮助？如果你对上述两个问题的回答都是肯定的，那么你应该接着问下面这个问题。

（3）这真的值得吗？你能实现有效花销吗？这样做的成本是否小于你正在尝试解决的痛点或你交付给客户的业务价值增量？我们能否预测（乐观的、现实的和/或悲观的）何时能够实现收支平衡然后盈利？

在这三个问题的基础之上，我们可以补充第四个问题。

（4）得到上述问题答案的最简单、最快捷和最容易的方法是什么？参见上面巧克力棒的例子，应该如何与潜在客户接触，以获得我们问题和假设的答案？

你可以和团队讨论这些问题以收集不同的观点。这一步可以在任何阶段完成，但越早越好。为了深入研究这些方法，请记录下你对以下问题的想法。

- 如何减少浪费，提高效率？
- 你为客户创造了什么价值？这些价值是足够的吗？
- 你如何评估进度和表现？
- 你认为哪些方式可以证明团队之间的协作和沟通是有效的？

你需要经常重新审视你的答案，或者在项目节点进行反思。它们不仅可以帮助你在每个阶段应用所学知识，反思下一步的行动计划，而且还可以让你在项目开发过程中主动出击去游说利益相关者。

上述的思考可以成为一个"创新日记"，这样你就可以建立案例研究，并为其他项目复制经验。我们经常做完了事情但没有记录下我们是怎么做的，而记录的方法恰恰能够帮助你以更强烈的意识为当前和未来的项目工作。

3.4 对创新保持开放心态

公司的数字化转型之途也是尝试开放创新的过程，创新能够促进公司与外部专家和创意人员的合作，更好地利用他们的想法、技能和技术来帮助推动业务发展。

一种可行的方式是"开放式创新"。传统公司与初创公司分享它们所遇到的问题,这样可以用更灵活的方式,从不同的角度解决问题。作为领导者,你还可以采取以下几个步骤来帮助你的团队开拓创新。

- 在团队中培养专业技能。
- 立志成为这样的领导者:在项目成立时主动建立联系网络,熟知需要联系的人。
- 如果你的公司有一个创新中心,寻找可以联系的负责人,看看你的团队是否可以参与进来,合作孵化创意。
- 促进部门间的互动:合作并培养专家联系网络,分享想法。
- 与其他团队联系,在团队简报中交流知识和观点,以确保创造性、批判性思维。

如果一家公司能够为实验性和灵活性留出空间,不期望任何特定的结果,也不进行绩效评估,那么这些看起来疯狂的想法很可能会变成一个可持续的商业项目。有的公司为创新成立了独立的风险部门,但它必须与核心业务的一些限制绝缘。否则,它将面临被扼杀的风险,因为它看起来太与众不同了。

德勤发现,其绝大多数客户都在精简业务,少数客户试图增强运营模式和渠道,只有 10% 的客户试图真正颠覆某个特定领域,并研究如何从根本上改变行事方式。

在这些具有创新意识的集体中,其企业也在建立创新中心。有时,企业会用围栏资金来建立这些项目。这些项目需要一定的保护,并需要以和传统项目不同的方式进行评估。在传统项目中,你需要提交符合规范的业务案例,并且要在特定阶段预测收益。

"这些注重创新的企业努力让现有的业务变得更好。它们试图扩大公司的业务范围,但又不会过于偏离现有的核心业务,以避免使企业的领导和员工产生敌对情绪,同时也避免在指标、融资机制或业务案例开发方面造成太多差异。"尼尔说。

全球保险公司 Mapfre、霍金路伟律师事务所和英国《金融时报》的母公司日经新闻(Nikkei Inc)也都设立了创新中心,它们都致力于在公司内部培育和发展创意。

作为 Mapfre 开放创新政策的一部分,该保险公司建立了 Insur_space 团队,目的在于为年轻消费者开发产品,并激发他们对购买保险的兴趣。两年后,Mapfre 公司与近 40 家初创企业合作,项目包括参数化保险、农业风险到一些风险资本基金的合伙投资,并已发展成为一个全球性的快速追踪市场的项目。

与此同时,霍金路伟律师事务所创建了一个名为"HL 解决方案"的创新部门,作为开发业务的敏捷方法的一部分。"HL解决方案"副首席执行官迈克尔·戴维森(Michael Davison)表示,该公司开发了一项咨询业务,以便"观察趋势如何增长"。"我们开发了各种有趣的孵化型项目",戴维森说。

但要将成功的项目重新纳入业务,你需要有一个完整的计划,以防止形成数据孤岛。戴维森说:"一旦这些东西运行起来,我们就会把它投入实践。"

英国《金融时报》与其母公司日经新闻合作,于 2019 年推出了一只增长基金,每年提供高达 200 万英镑的资金(约合 1800万人民币)用于支持创新和创业,尤其旨在推动美国市场的长期高质量订阅。报道科技趋势的每周简报 *Tech Scroll Asia* 是该基金推出的第一个项目,目的在于提高读者数量。

无独有偶,东京的日经新闻也建立了一个人工智能实验室,为未来的创新提供了空间。这家日本媒体集团还利用外部机构和初创企业开发了诸多创意项目,如 AI 视频新闻(AI video news),它能够将文章从文本自动概括为语音,并由动画人物朗读。

日经新闻数字转型部门经理重森泰平（Taihei Shigemori）表示："我们不断开发新的服务和内容为技术转型提供支持。"他表示，对于大型传统企业，尤其是在日本，创新"并不总是由一个人或一个部门来实现的。如果我们想进行一些创新，并让它形成规模，必须把多位员工和多个部门联系起来，在公司内部协调多位新的利益相关者，以实现创新产品或服务的开发。"

但并不是所有人都同意这种成立创新中心的方法。在线抵押贷款公司 Habito 的创始人丹尼尔·赫加蒂（Daniel Hegarty）在 18 个月内将自己的业务规模扩大了两倍，但他对成立独立部门一事持谨慎态度："一旦你把所有创新项目放在一栋单独的大楼里，或放在办公室的另一层，你就等于在说公司的其他业务没有创新；你在培养一种'我只在这里创新'的心态和文化。要想让创新成为公司的核心，必须找到一种方法来缩短决策周期和实验周期，这需要难以置信的勇气。"

问题又回到了创新过程中不断迭代的重要性。还有同样重要的一件事，即考虑你是否可以自己管理创新过程，还是说需要来自外部合作伙伴的帮助，就像 Mapfre 保险公司的案例中所做的那样。

巴勃罗·费尔南德斯·伊格莱西亚斯
（Pablo Fernandez Iglesias）

Mapfre Assistance 业务发展和创新主管

巴勃罗·费尔南德斯·伊格莱西亚斯提到，全球保险公司 Mapfre 设立了一个创新中心，因为"众所周知，保险业并不是世界上最具创新力的行业"。

他表示:"我们意识到,我们需要有一个专门处理创新工作的独立核心,这样就可以把创新纳入业务本身,发挥公司的国际能力。"

该创新中心涵盖三个主要领域:战略/增量式创新、颠覆性/指数式创新、流动性创新。其中,由于汽车保险业务对公司极具重要性,所以流动性创新受到特别关注。

作为 Mapfre 名下的 Insur_space 团队,他们为处于不同企业生态中的技术合作伙伴提供了可互动的单元,从而实现了数字化转型。他们也可以连接到各类教育中心、大学和商业学校。

费尔南德斯表示,该中心帮助公司"了解新的事实,并将其整合到我们的价值主张中,这样可以让我们在面对不同的企业生态时也能够与其产生关联,发挥保险的作用。"

"在公司内部拥有一个开放的创新平台能使我们更好地了解外部发生了什么,及时过滤数字环境下的创新,以使做出调整以适应我们的业务需求。这不仅是为了当下,更是为了未来。"

如今,亚马逊(Amazon)和阿里巴巴(Alibaba)等大型科技公司都有意进军保险业,这种方法毫无疑义有助于 Mapfre 在市场上保持竞争力。费尔南德斯说:"这些全球科技集团正在为客户重塑数字体验和自动化服务,保险业必须明白这意味着什么。"

Mapfre 试图让客户意识到保险为他们提供了价值。实现这一目标的方法之一是:不仅要在传统的保险覆盖范围充分提供服务,而且要提供所有与保险相关的服务。例如,某数字健康保险平台还为客户提供其他日常生活相关服务,"因此我们要了解如何通过这些服务让客户意识到保险公司的价值",费尔南德斯说。

Mapfre 通过参与创新项目以及与初创企业交流,让广阔的金融科技领域加强了对保险业的认识。这反过来发展了内部人才,推动了组织内部的文化变革,造就了企业家,以及将技术人才引入了工作场所,最终成为了企业创新的成功案例。

"我们培养了现有员工的才能,同时我们也能够接触到外部人才……我们鼓励合作的工作氛围",费尔南德斯说。

3.5 接受意料之外的事情发生

想要引领转型,一个重要部分是在项目运行时能够及时对意外结果做出调整。无论结果是积极的还是消极的,你都需要为之做好准备并确保能够采取行动。你可以这样做:

- 使用 MVP 方法将项目成本降至最低,以便在项目失败时减小影响;
- 保持敏捷,这样你就可以有一个 B 计划来快速应对意料之外的结果;
- 不断学习,继续前进,将你的发现应用到下一个项目中。

以 Mapfre 保险公司为例,它的发展得益于在公司内部培养企业家精神,提高公司内部利益相关者的认识。这些利益相关者认识到公司的创新中心为他们带来的价值,因此加快了创新的速度。在新型冠状病毒感染流行期间这一点尤其明显,客户开始对新的产品或服务提出需求,例如多渠道获取数字健康、生活方式或智能家装方案。

Mapfre 团队的应对方式是快速实现"敏捷"变化。"团队的表现远远超出了预期。他们将自己整合到其他团队中以提供客户支持,与技术进行互动以确保我们能够在更短的时间内交付产品。所以我们的团队真的令人感到惊讶,"费尔南德斯说。

对于传统企业来说,它们可以加强宣传报道,或用公开挑战的方式让外部利益相关者看到企业的创新方法,从而吸引更多相关人才。

这在金融科技领域尤为重要,因为金融科技领域尤为强调以软件为中心。现有的主体营运公司敏捷性十足,它们正在窃取市场份额,因此数据、网络安全和数字营销专家等新的技术人员也需要被纳入,以保持与市场的相关性。

内尔·恩科利斯(Neile Nkholise)

3D-IMO 公司联合创始人

3D-IMO 是一家南非初创公司,致力于自动化牲畜数据分析。当内尔·恩科利斯进行动物早期病毒感染的检测时,她在研究中发现了一些意想不到的结果,把她的业务带向了一个不同的方向。

她的公司一直在研究使用红外图像来获取动物的热特征,因为在南非,奶牛死于可预防疾病的问题越来越严重。这要么是由于缺乏疫苗,要么是因为未能检测到病毒感染的风险。因此,当奶牛发烧时,我们想到可以使用后端人工智能照片识别的方法来帮助指示疾病风险。

但团队面临着一个挑战。2018 年被非洲青年委员会评为"百大非洲青年"的恩科利斯说:"我们无法辨认我们正在饲养的牛。我们给一头奶牛拍了照片或视频,但我们无法从牛群中找出那头奶牛。"

这导致了一个意想不到的发现,那就是可以通过口鼻来识别奶牛,因为它鼻子上的皱纹和人类指纹一样独特,可以用它来进行生物识别。"我们还可以打印出一个二维码,贴在动物的专属标签上。"她说。

这意味着这种方法可以帮助农民识别他们的牲畜。以前他们很难做到这一点,因为这对小农来说是非常劳动密集型的工作。

"通过技术,我们确定了所属权。当你开始进行生物识别的时候,它可以将动物和它所属的农户联系起来。所以无论奶牛在哪里,你都可以给它拍照来确定它的主人。这又带来了另一个意想不到的结果——这些信息还可以帮助农民提高对数据的洞察力,并为他们指示农场的运行情况。"她说:"我们开始帮助农民建立数据洞察力,让他们能够专注于农业,而不是花太多时间在管理上。"

不仅如此,恩科利斯还利用这些数据与银行和保险公司建立合作关系。有时这些公司很难为牲畜养殖户提供保险,因为养殖户不了解潜在的疾病风险,甚至不了解所有权的问题。

恩科利斯说,养牛户给银行带来了安全风险。银行一直不愿意提供信贷解决方案,因为牲畜能够四处流动。"一个农民说他有 200 头牛,当银行家去看牛时,他们的确看到了 200 头。但实际上这位农民只有 40 头牛，另外 160 头是从邻近农场借来的。因此，这对银行来说一直是一个艰巨的挑战。"

2018 年，恩科利斯登上了"福布斯 30 位非洲 30 岁以下青年"榜单。这是最具含金量的榜单之一。

3.6 项目停止

1. 停止的信号

企业可能会说他们乐于接受失败，但一旦遭遇失败，他们就会发现这很难接受。寻找实验方法可能比表面上看起来要困难得多，因为你需要清楚地意识到项目什么时候失败了，并在某些东西不起作用时迅速关停它。如果你失败的时间太长，项目拖拖拉拉，慢慢消亡，你就无法实现你的目标。这会造成时间、资源和金钱的浪费。

"停止一件事比开始一件事要难得多，因为你会对它产生某种自豪感"，特隆德·桑内斯（Trond Sundnes）说，他曾在挪威最大的商业报纸《挪威商业新闻》内部领导一个数字化转型项目。

如果一个项目失败了需要终止，典型的警告信号包括以下几点。

- 焦点的丧失：你甚至可能不再清楚为什么你要继续运行一个项目。
- 始终没有达到里程碑：项目利益相关者开始对项目失去兴趣，因为项目陷入了拖延的泥潭。
- 失败的审查：反馈和进度监控可能会减少。

- 预算损失：其他项目正在获得资金，但你的项目没有获得。
- 资源损失：员工离职，且没有人补位。
- 失去项目领导：项目领导已经离职，但没有人能代替他们的岗位。

霍金路伟律师事务所副首席执行官迈克尔·戴维森也认为，终止项目很难："我们没有迅速失败。"戴维森本应在 2021 年审视该公司应该关闭哪些项目。这是"心理上的困难"，因为"它已经变成了他们的孩子"，人们不想放弃这个项目。

你可能听说过"快速失败，经常失败"的咒语。但这实际上意味着从错误中学习，并利用短周期来改进。

在创业领域，尤其是在美国，投资者经常表示，他们对没有失败经历的创始人不感兴趣。他们这样做是因为唯有失败时，我们才能清楚地意识到我们必须改变什么才能成功。

2. 何时停止

你应当直面现实，在项目的不同阶段提出一组简单的问题，如果无法回答这些问题就关闭项目。这些问题包括以下几个。

- 哪些方式是有效的？根据目标检查哪些部分是成功的，哪些是不成功的，以及进度是可接受的还是消极意义大于积极意义。如果在计划时间内消极结果多于积极结果，这就是一个停止项目的迹象。
- 有什么可以改进的？从所有利益相关者那里获得反馈，以帮助你决定哪些地方可以改进或调整（如果有的话）。
- 有哪些障碍？有没有什么事情以一种无益的方式占用了你的时间和精力？这些障碍能被克服吗？
- 接下来要做什么？这些步骤是明确的还是需要重新考虑的？

其他需要考虑的要点如下。

- 你如何衡量你和你的团队是否达到了预期的结果？你使用的是何种方法或关键绩效指标（KPI）？
- 你为这个项目预留了多少时间？时间充裕吗？如果你时间紧张，可能就需要分配更多的时间和/或资源。你能负担得起吗？
- 你要花多长时间去创造？当有空间和时间思考时我们通常会更具创造力。你是否更倾向于被动而不是主动？
- 你将如何监测想法从投资转化为回报的过程？损益的底线在哪里？这一点必须尤为小心，因为它不是一刀切的。你与团队讨论过商业模式并做过盈亏预测了吗？技术上的时间线如何与预测相匹配？你应该何时提供能够产生收益的东西？

菲尔·尼尔说："每个人都说拥抱失败。我们并不是说要在一开始就不可能成功的事情上砸下 1500 万英镑然后坦然接受失败。我们的意思是要在执行的不同阶段，就一系列商业问题做简单的实证测试，并利用测试来调整或停止你正在做的事情——在整个过程中，你采取的是一种深思熟虑的、有计划的融资方法。"

霍金路伟律师事务所负责数字战略的副首席执行官迈克尔·戴维森同意尽早结束项目："果断、迅速地采取行动，迅速地失败。各大公司可能非常害怕失败，他们很容易过度计划和过度思考，然后变得非常不愿意停止。"

"组织越大，过度计划的诱惑就越大。你也许有很棒的想法，但你可能也会想太多。你需要在灵光乍现时采取行动，付诸实践，而不是让灵感消失。要允许自己拥有动态的环境。就算计划和实施需要 6 个月的时间，生活也在继续向前。"戴维森表示。

但思杰公司销售与服务组织负责人米歇尔·塞内卡尔·德丰塞卡警告称,不要围绕创新制造一种"恐惧文化":"没人知道这到底该如何运作,你也许会犯错误,这没关系。你只需要将其称之为实验。只要你能确保风险是可控的,这种情况就应该被允许:'好吧,这并不奏效,那就让我们试试接下来需要做的事情'。人们必须愿意把自己置于那种境地。"

德丰塞卡说:"在新的职场环境中,管理者必须适应不断尝试、犯错的过程。过去几十年,我们的很多管理实践都是关于控制和命令的。我们如此看重胜利,以至于我们认为控制是最重要的,因而不能接受损失。在那种环境下,人们通常不愿意承担太多风险。"

"这不是新世界的意义所在。市场、技术和竞争都发展得太快,很少有人具有相关知识或了解历史趋势,知道到底应该如何应用来自旧世界的'控制'观念。你需要转向敏捷实验,这样你就可以安全地尝试、适应和部署。"德丰塞卡说。

特隆德·桑内斯(Trond Sundnes)

NHST 全球出版公司首席执行官,挪威商业新闻(DN)前发展编辑组织

特隆德·桑内斯的目标是用 6 个月的时间把每日商业新闻网站变成可行的产品,但随着最后期限的逼近,桑内斯和他的团队甚至都没有接近这个目标。但事实证明,这个项目很难终止,尽管没有达到目标,但它还是在一瘸一拐地前进。他说:"我们无法结束它。"

最初,DN 对美国媒体公司 BuzzFeed 的回应增加了它当时的受众份额,这个项目取得了一个良好的开端。当时

是 2015 年,公司高管们认为,应该采取以广告和赞助为基础的模式,而不是以订阅(如英国《金融时报》的订阅)为基础来增加收入。

"3 个月内我们就做了一个网页,我们准备好了",桑内斯说。但只过了大约 6 周时间,他就卷入了一场关于员工人数的内部斗争。桑内斯说,你可能每天都在为资源分配而争吵,编辑部"总有更重要的事情在发生"。

随着时间的推移,能发表的报道越来越少,因为工作人员被调往了其他地方。项目最后被终止了,这在挪威是一个大新闻——项目收到了很多负面反馈。桑内斯说:"我们有读者说想要离开 DN 并退订。""我们应该早点(停止这个项目)。"

然而,如果没有那个实验,许多事情"不会在后来发生",因为桑内斯和他的同事学到了很多东西。

尽管有时一个项目不得不结束,但这不应该阻止你尝试其他想法。桑内斯说:"不要害怕尝试新事物。"如果再次经营类似的业务,桑内斯会成立一个由专门的员工运营的团队。"确保员工们有一个任务要做,这就是我的理想。只用短短的 6 个月的时间来确保我们做到。"

当该团队建立另一个网站时,他们使用了相同的设计,只改变了一些颜色和标志。"我们学会了如何更高效地做事。我们知道设定目标的必要性。""(商业新闻网站)项目失败后的半年,我尽量不去谈论它。一年后,我却把它拿出来给大家展示。我解释说:记住这场'灾难',是它把我们带到这里的。"

3.7　速度和规模

新型冠状病毒感染带来的剧变导致许多公司加快了数字战略,原本需要几年才能实现的变化,现在只需要几个月便能完成。微软首席执行官萨蒂亚·纳德拉(Satya Nadella)在《金融时报》的一篇文章中表示,他们在两个月内见证了过去需要两年才能完成的数字化转型。

微软和亚马逊运营着全球最大的两个云平台,两家公司的股票市值在同年突破了 1.5 万亿美元,以期望带来一种持久的转变。麦肯锡全球(McKinsey Global)针对高管的一项调查显示,企业将客户与供应链互动的数字化以及内部运营的数字化进程提前了 3~4 年。该公司表示,数字或数字化产品在其投资组合中的份额已经增长到 7 年的体量。大多数受访者都表示,公司满足新需求的速度比预想的要快,尤其是与危机前相比。受访者预计,这些变化大部分是长期的。他们已经在进行投资,几乎可以确保这些变化会持续下去。

詹妮弗·特哈达(Jennifer Tejada)是 PagerDuty 公司的首席执行官,该企业向销售企业的 IT 部门提供事件响应服务。特哈达在 2020 年 7 月英国《金融时报》发表的文章表示:"一夜之间,全世界都转向了电子商务——但大多数公司还没有准备好。结果,我们原本认为需要花费数年时间的事情被提前到今年,几个月就完成了。"

Astrid & Miyu 公司的康妮·南(Connie Nam)在截至 2021 年的 3 年里见证公司销售额增长了 1000%,随着实体店的关闭,该公司迅速转向提供线上造型咨询。她表示,由于实体店铺已经关门,"我们无法真正为顾客提供个性化服务",但是,与顾客保持人性化的接触,并与他们产生真实的联结,是很重要的,因此 Astrid & Miyu 公司用数字方式复刻了这种体验。

他们对内容进行了调整,而且最初并没有试图强调产品的销售。他们在传递诸如关爱自我之类的理念。"这确实引起了客户的共鸣,他们自然而然地来到了我们的网站。所以在第一次封锁期间,我们的在线销售额同比增长了150%。"

在线视频会议公司 Zoom 国际部主管阿比·史密斯(Abe Smith)表示,该公司也以令人难以置信的速度进行着扩张。"我们发现,免费用户和付费用户账户的每一项指标都在飙升",史密斯说,Zoom 公司证明了自己能够在架构上进行扩展,软件非常先进,能够有效地无限扩展。

在线视频会议的消费从每年 12 亿分钟增长到超过 3 万亿分钟,从每天 1000 万的参与者增长到每天超过 3 亿的参与者。这样的变化仅仅发生在 7 个月之内。

"这给我们员工的其他工作(例如客户服务)带来了巨大压力……系统不是为这种消费而设计的。"安全成为了 Zoom 公司必须密切关注的问题。但万幸之处是,Zoom 公司非常灵活,员工善于适应,创新团队能够听取市场的意见。

"当你处于地震中心时,你必须决定是要战斗还是逃跑。你要站出来。是时候让大家都拿起工具,齐心协力了。我们应当一起努力。这确实凸显了公司的坚韧,也显示了什么是可能的。"史密斯表示。

3.8　下一步如何做

(1) 思考你应该如何在工作中混合运用持续改善、精益、敏捷 3 种方法。

（2）监控项目进度，检查是否达到了目标，记得对意想不到的结果保持开放的心态。

（3）作为变革者，你应该有力量和勇气停止做某些事情，如果现有的策略不起作用，应该尝试重新组合。但要扩大能够发挥作用的因素。

第 4 章

人性化：机器无法实现的事

CreativeX 的联合创始人安娜塔西亚·伦表示，"数字化转型"这一技能是 100％的软技能。随着工作场所自动化程度的提高，数字化转型技能将持续处于高度需求的状态。通过自己和他人的经验，我们发现管理、领导中的人性化程度是决定项目成败的关键因素。在这里，我们将带你了解关键的软技能，这些技能会帮助你做好准备、支持同事，并建立成功的团队。这些技能包括：

- 了解你的团队；
- 添加其他要素——这些要素可以决定结果是成功还是失败，也能帮助你从优秀到卓越；
- 建立信任；
- 能够影响和说服他人；
- 照顾好自己。

4.1　令你脱颖而出、成为领导者的要素

随着人工智能的广泛应用，社会对情商的需求也会增加。情商是一种能够察觉、表达和控制情绪的能力，也是一种能够理解他人情绪并适当处理的能力。这使得领导者得以区别于机器，因为在一个任务自动化的时代，如何确保组织内部良好协作，而不是一味竞争，将成为关键问题。

在这个时代，有几种能力将持续受到重视：能够有效地与

人打交道;解决问题;培养"成长"心态,以便你能迎接挑战,从错误中学习。

Headspring 是英国《金融时报》和西班牙马德里 IE 商学院的合资企业,该公司在一份报告中表示:"领导者最需要关注的可能是资源管理这一柔性领域。"丹尼尔·戈尔曼(Daniel Goleman)在其著作《工作与情商》(*Working with Emotional Intelligence*)中总结道:"未来几年,员工协作能力最强的公司将具有一定竞争优势。从这个层面上来说,情商将变得更加重要。"戈尔曼警告说,如果忽视了人的因素,那么其他任何因素都无法发挥出最大效果。

Monzo 前首席技术官梅里·威廉姆斯对此表示赞同:"情感历程比理性更重要。做出改变是情绪化的过程,忘记人性化的一面会很快导致失败。"

在科技行业的职业生涯当中,威廉姆斯曾监督过许多数字化转型项目,包括英国政府和零售商玛莎百货(Marks and Spencer)、挑战者银行 Monzo 以及在线印刷设计公司 Moo。"只有一小部分人会被逻辑、解释或数据说服。对于其他人来说,你需要一些能展现抱负的东西,为他们绘制一幅鼓舞人心的未来图景",威廉姆斯说。

4.2 了解你的团队

无论是为一个转型项目组建团队,还是接手一个部门,很重要的一点就是去了解你需要或拥有什么技能。人才管理和工作方式正在迅速转变。在顶尖商学院,人们非常关注怎样才能带领多样化的团队实现最佳绩效。

你应该从评估团队中的优势和技能差距开始,并重新定义角色，以获得更广泛、更多样化的视角。第 6 章将详细介绍可以采取哪些步骤来增加职场的多样性。

为了加深对团队强项的理解，你可以使用研究人员兼管理顾问梅瑞迪思·贝尔宾（Meredith Belbin）开发的一种优势识别方法。贝尔宾的模型关注人们在工作场所的行为，然后判断哪些角色最适合他们。该模型在许多行业被广泛应用。

贝尔宾比较了团队和个人的表现。当你独自做某件事的时候，你一个人就能独立完成。但当你考虑团队的整体工作时，你需要通过发挥每个人的优势来平衡团队，所以你需要知道这些优势是什么。

贝尔宾的方法通过发扬优势和遏制劣势来建立合适、有效的团队，目前已经被许多公司采用。贝尔宾的方法还可以帮助你确定谁最适合某个职位，以及如何将人们组织在一个团队中以迎接挑战。"每个人都应该专注于自己最擅长的角色，这样每个人才能展示自己的优势。如果我们试图扮演每一个角色，那么最终总会破坏其他人扮演的角色"，贝尔宾说道。

贝尔宾找出了 9 种团队角色。定义这 9 种角色的依据是人们在表现、贡献和互动方面的倾向，它们可大致分为 3 类：以行动为导向、以人为导向、以思维为导向。在任何给定的团队中，每个人都可以扮演 2 种及以上角色。

这些角色有优点，也有"允许范围内的"缺点，如果你意识到了缺点，就可以做出相应的改进。这 9 种角色包括两个可能的领导者，一个专家、一个提供想法的人（创新者）。其他所有角色要么是实干家（例如实施者或评估者），要么是沟通和提供支持的人。

根据 www.Belbin.com 网站，这些角色是按如下方式组成的。

类别	角色	优势	允许范围内的缺点	如果你发现这些,不要太惊讶……	谁是你团队中的这个角色?
以行动为导向	塑造者	活力充沛,能够克服困难	可能冒犯到他人的感受	为了将事情完成,可能变得很有侵略性	
	实施者	想法实际,值得信赖,能将想法转化为行动	可能不太灵活	支持向好的变化,不愿意完全放弃计划	
	完成者(终结者)	能够最有效地为任务收尾的角色,善于完善与改进	不愿将事情委托他人	可能会出现极端完美主义	
以人为导向	协调者	制订目标,阐明目标,发掘团队才能	工作完成情况可能打折扣	过多地将工作委托他人	
	团队工作者	帮助团队连为一体;倾听,减少分歧;善于对外交往	倾向于避免冲突	不愿意做出不受欢迎的决定	
	资源发掘者	发现机会,加强接触;外向	过于乐观,在最初的热情过后可能会丧失兴趣	可能会忘记服从领导	
以思维为导向	计划者	富有创造力和想象力,思维自由,善于提出新想法和解决困难问题	可能会忽视次要事件;可能会过于全神贯注而忘记有效沟通	可能会很健忘	
	监督者-评估者	战略性强,逻辑性强,眼光敏锐	缺乏内驱力,缺乏鼓舞他人的能力	做决策很慢	
	专业者	专心,自我驱动,具有奉献精神	倾向于在狭窄的领域做出贡献	可能会提供过多信息	

练　习

贝尔宾同样说明了任何项目都应该有以下 4 个关键步骤。

（1）启动（开始）。

（2）创建（头脑风暴）。

（3）实施（申请、开工）。

（4）完成（在期限内完成）。

你可以自己完成这个练习以了解自己的优势或喜好，或者也可以在一个不超过 10 人的团队中完成。如果你选择在团队中完成，你必须给予每个成员平等的支持，不对他们做任何主观评判。

如果你觉得自己做不到这一点，那就有必要看看你的公司是否愿意为你提供专业的培训师或协助人来帮助你。

- 画一个圆，将它分为 4 个大小相等的象限，按顺时针顺序分别写上"启动""创建""实施"和"完成"。

- 把这个圆放在你自己和/或你的团队面前。如果你是一个人在做这个练习，就根据你的优势和动力选择两个你最看重的象限。如果在团队中，就请每个团队成员为自己选择两个象限。贝尔宾评论说："我们擅长的领域通常只有两方面。"

- 每个参与的人思考 5 分钟，然后把他们的名字加到两个象限上。

- 接下来，如果你是独自练习，对你的工作进行复盘和对照。如果是团队练习，看看作为一个团队，每个人是否都在按照自己的优势和偏好工作。

如果一个象限是空的或只有很少的名字，团队要考虑如何补偿、填满这些空白。例如，如果团队中没有人在从事"创新"，那么可以举办一个活动让他们聚在一起集思广益。

> 　　通过使用这种技巧，你能够与你的团队进行结构化对话，以帮助成员了解他们是否在以一种自我激励的方式工作，以及他们在当前工作中能否发挥他们的最佳能力。这个练习可以产生可供共享的信息，并为接下来的行动提供指导。

4.3　如何为创新打下基础——内在驱动力

　　了解了你的团队之后，你应该找出是什么在激励他们积极表现，变得高度驱动、乐于创新。在一个团队中，软技能和"硬"技能（技术能力）一样重要。与人相关的部分是一个额外的因素，在一个困难且具有挑战性的环境中，这是必要的一点。

　　丹尼尔·平克（Daniel Pink）是一位畅销书作者，他的作品探讨了关于商业、工作和行为的话题。平克找出了人们在什么情况下才会做出额外付出——也就是"自由决定的付出"。在《驱动》一书中，平克称之为内在动机：如果你能让人们因为"他们想做这件事"而工作，或者他们为此感到自豪，他们就会"免费"付出更多。

　　然而，要获得工作的内在动力，还需要一些外部因素。例如，美国心理学家亚伯拉罕·马斯洛认为要有足够的工资支付房租，也要有良好的工作条件。

　　马斯洛创建了一个需求层次结构模型，如图 4-1 中的三角形所示。如果每个层次的需求没有得到满足，人们就无法达到更高级别的层次。

　　如果我们既能满足基本需求，又能满足心理需求，例如提升

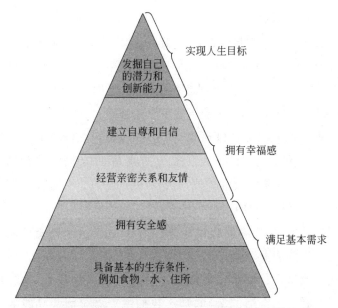

图 4-1　需求层次结构模型(改编自马斯洛的需求层次理论)

员工成就感,我们就能帮助人们发挥出最大潜力,变得富有创造力,并为社会创造价值。这是推动变革和创新的理想环境。通过创造一个合适的环境,你可能会得到更多的回报,且不需要经济上的激励。

平克指出以下几点可以让人们更加努力。

- 目的：了解项目对每个团队成员的意义。
- 自主权：允许员工自主处理他们认为适合自己的任务,以验证他们的经验和专业知识。
- 精通：让员工在工作中学习。

如果我们能创造这样的环境,团队成员就更有可能做出"自主"的额外付出,因为他们处于积极的、能提供支持的环境。

以下 3 个行动可以帮助你应用该方法。

1. 确定目标

当你拥有足够的钱的时候,你不一定会更有创造力。但如果管理者给你一种使命感,让你感觉自己在为自己和他人做一些有益的事情,你可能会为此付出更多。其中一个原因可能是,在这种工作环境中,员工能够追求个人目标。

弗兰克·德文恩(Frank de Winne)指挥国际空间站时提到,每个人都有自己的个人目标。"有些人可能想拍很多地球的照片。有的人想做教育视频,就像我做的那样。你要充分调和这些个人目标,以便让这些目标与任务的总体目标相适应。"

在日本,生活中拥有目标被称为 ikigai。这个概念可以用来定义你的职业目标,包括你擅长什么,你需要做什么,你对什么充满激情。如果团队成员能够发挥自己的优势,理解项目需求并受到合适的激励,那么我们就更有可能成功改变管理方式。

2. 换位思考,同时保留主见

即使对于成熟的员工来说,自主权也很重要。如果你手握权力,告诉人们应该做什么,他们可能会照做。但如果你给他们营造一种价值感,并询问他们想要怎么做,你更有可能得到长期的积极回应。

改革的一个强有力工具是从他人的角度了解问题,管理者可以将这种方法付诸实践。

安迪·皮尔斯(Andy Pierce)接受采访时是 NHST 全球出版社的编辑产品经理,当他在介绍一个转型项目时,皮尔斯看到了这一点的好处:"我们的人力资源主管说过一句话:'你要学会的是,如何换位思考,同时保留主见。'"

2020 年新型冠状病毒感染流行期间,在皮尔斯工作的地方,挪威商业新闻机构 DN 和全球出版社(Global Publications)成立了一个由管理者组成的同行小组。他们定期接受各种培训,内容包括管理、危机处理等。皮尔斯说:"这个管理小组的成立创造了一些前所未有的东西来帮助培养人们的软技能。"

在思杰公司,米歇尔·塞内卡尔·德丰塞卡试图从另一个角度看待这个问题。她的方式是,当出现管理者空缺时,她会接手这个职位。这让她有机会亲临一线,从而了解团队面临的挑战,以及他们能做些什么来应对这些挑战。德丰塞卡说:"在过去的管理模式中,你成为一名管理者是因为你在某件事上做到了最好,你的角色是教别人也把这件事做好。"然而,作为一名领导者,你可能甚至并不了解所有影响团队工作的因素。但你要额外关注如何激励下属把工作做到最好,并确保大家拥有共同的目标和目的。

"如果偶尔表现出你愿意走进一线,了解一线员工面临的挑战和他们角色的复杂性,你就更有可能获得他们的信任,令他们愿意为更大的目标付出。"德丰赛卡说。

阿比·史密斯(Abe Smith)

美国视频会议公司 Zoom Video Communications 国际主管

从员工到客户,再到更广泛的社区,软技能一直处于Zoom 公司核心价值观的中心位置。它们可以被归结为一个词:快乐。正如丹尼尔·平克所说,让员工保持快乐,从而激活他们的内在动力,员工就会付出更多,工作得更好。

"企业文化在 Zoom 非常重要,公司专注于核心价值观的维护,致力于为员工、客户和社区带来幸福",阿比·史密斯说。

根据Comparably.com(一家关于公司文化的网站)上的匿名员工反馈,2019年和2020年,Zoom是最能让员工感到快乐的公司。该公司甚至有一个"为快乐而生的"团队,该团队不仅为员工提供满足感,也为社区和外联人员提供满足感。史密斯说:"公司的核心任务是确保我们在做正确的事情。"

　　史密斯说,事实上,当Zoom在2011年成立时,公司的主题是围绕这样一个事实确立的:当时人们对可用的产品"感到失望",因为它们不是为现代员工设计的。市场发展了,但服务却没有跟上。

　　"在合作中,人们有一种基本信念和理解,即人们使用视频的方式可能会被颠覆,尤其是考虑到当时现有的解决方案无法满足人们的需求。"

　　Zoom在新型冠状病毒感染初期接受了测试,2020年初,每天约有1000万人在Zoom上参加会议,到2020年3月,使用人数上升到2亿,一个月后,Zoom成了一个家喻户晓的名字,每天都有超过3亿用户,从政府和学校到小企业主和个体商贩都在使用Zoom参加视频会议。

　　"我们的原则是正确的",史密斯说,"但成功的原因又回到了公司的核心价值观和使命。我们意识到这就是我们的使命。"

　　"我们对世界负有责任。公司的领导理念是,我们终将解决一切问题,但现在我们专注于帮助世界。无论是帮助学生们持续接受教育,还是帮助政府进行管理以及与选民沟通,我们责无旁贷。"

在新型冠状病毒感染初期，Zoom 公司面临着业务量快速增长的挑战，尤其是在发现了一系列安全和隐私漏洞之后。Zoom 公司表示，这些问题现已得到解决。该行业是"高度透明"的。

"我想说，信任与透明度有关……我们把很多信任和责任交给了新公司、新行业或新职位的员工。一般来说，当信任别人时，我们会有些惊喜的发现。"

3. 持续学习

如果熟练掌握自己的工作技能，在工作中持续学习将会变成一种额外的奖励，可以提高你的工作能力。如果你感到自己有一些自由空间，或者正在得到训练、提升，你可能会对工作感到更满意，能够更好地应对创新事宜。如今创新正变得越来越不可预测，因为创新的周期越来越短，世界的变化也越来越快。

有了变革管理方式的计划之后，你通常需要制订某种培训或再培训计划，以便员工能够适应新的环境，并减少他们对自己角色的焦虑。

培训是思杰公司德丰塞卡鼓励的事情。她说："你必须不断地学习，必须表现出你很愿意做这件事。你的团队需要看到这一点——他们也必须有同样的对学习的渴望，因为这是我们前进的唯一途径。"

在英国《金融时报》编辑部，培训仍在进行，新技能的学习理所当然地融入了编辑工作。这有助于提高员工的信心，以适应不断面临变化的新闻编辑室环境。更重要的是，数字化转型项目有时会遇到前所未有的问题。

在转型的过程中，通常没有蓝本可以参照。这项技术可能还没有发明出来。西班牙公用事业公司 Iberdrola 就是这样一个例子：长达 11 年来，该公司为西班牙客户提供智能电表，公司必须弄清楚需要什么技术来获得成功和发展。

尼科·阿尔考兹(Nico Arcauz)说："这种感觉让人很兴奋，你可以参与创造一些前所未有的东西。这很有挑战性，但对我们所有参与其中的人来说都是非常有收获的。"

4.4 信任的重要性

信任是创新中最为横向的主题之一。它的内涵在于相信某样东西是好的、诚实的、安全的和可靠的。如果管理者想要成功交付项目，那么创造信任是所需的第一关键技能。我们采访过的许多管理者都表示，建立信任的能力至关重要。

根据 2020 年爱德曼信任晴雨表报告（Edelman Trust barometer report），人们会对表现出良好的能力与道德行为的人给予更多信任。2018 年，该晴雨表显示，首席执行官 70％的主要工作就是建立信任。

数字银行 Starling 的首席执行官安妮·博登说："团队内部需要信任，这样我们才能共同努力实现愿景。"

信任基于 3 个要素：同理心、真实性和可信度。弗朗西斯·弗雷(Frances Frei)和安妮·莫里斯(Anne Morriss)在《哈佛商业评论》中写道，这是因为，当人们认为他们在与真实的你（真实性）交流时，他们更倾向于信任你。这一点会让他们对你的判断产生信任（逻辑/可信度），当他们觉得你关心他们时（同理心），信任也会增加。

同理心、真实性和可信度这 3 个要素构成了如图 4-2 所示的信任三角，它还包含了以下 3 个分组：领导者在创新中的角色,领导者与员工应该是什么关系,最后是客户。

真实性
人们相信你是真实、真诚的吗?

可信度
你的决策是否有
数据和逻辑支撑?

信任

同理心
人们是否相信你是一位
关心他人的领导?

图 4-2　信任三角

作为一名经理,你需要擅长沟通、理解、激励和倾听,同时要真诚,让你的团队感到你的诚恳。你还需要有可靠的数据来支持逻辑。

"你必须做真实的自己",Zoom 公司国际主管阿比·史密斯建议道。"对公司来说确实如此。要坚持你的价值观。就像以北极星为指引那样,我们的信条就是做正确的事情。"

史密斯表示,信任在数字化转型中极其重要,这与公司"顶层"的理念有关。

信任三角是如何运作的

你越接近信任三角,你就越能影响这 3 个方面,并创造出更有价值的东西。要做到这一点,你必须考虑信任对团队中的每个人来说意味着什么。这可以是很简单的东西,例如准时参加会议,完成你承诺要做的事情,或者诚实地说你不能做某事。

为了更深入地探讨这些主题,让我们看看构成信任三角的 3 个因素。

- 真实性:问问你自己和你所信任的同事,你是否了解你自己和你的团队,以及是否保持了真诚。你需要调整做事的方式吗?(有时别人比你自己更容易看到这一点。)

- 同理心：问问自己和一位值得信任的同事，你是否真的与同事们建立了联系，并能够从他们的角度看待问题。你需要重新考虑你给人留下的印象吗？
- 逻辑(可信度)：你是否用可信、客观的数据来支持你的陈述和行动？如果没有，那就把数据添加到你的团队简报中，并且在其他工作场所的交流中应用数据。

无论你是宇航员还是公司经理，为了与同事建立信任，你不仅要进行公开的对话，还要设定相同的任务目标。

如果你问一名宇航员成功执行任务所需的能力和价值观是什么，答案很可能是各种软技能，包括协作、应变能力、同理心、积极倾听等。但最重要的一点是信任。这也难怪：当火箭升空时，宇航员的生命实际上取决于成千上万个陌生人的工作。

"你需要与地面部门建立信任"，比利时第二位进入太空的宇航员弗兰克·德文恩(Frank de Winne)如是说，他于2009年担任国际空间站指挥官。"你不可能认识所有负责地面工作的人。你们之间的联系如此遥远，但对彼此保持透明很重要，因为有时会出现一些问题。"

如果出现问题，宇航员需要与地面控制中心讨论下一步该做什么。德文恩说："你不可能在空间站生活6个月，每天做1000个任务，却没有碰到过一个失效的环节。你无法完全不失败、不犯错误。"

宇航员要在国际空间站上建立信任，而一个公司团队要做的其实也一样。透明和诚实等软技能对于建立一个高效的团队动态而言至关重要。

德文恩说："对你的团队成员诚实，确保每个人都了解同等的信息是至关重要的。"

在西班牙公用事业公司 Iberdrola，尼科·阿尔考兹表示同意："要诚实，永远不要对人撒谎。"

尼科·阿尔考兹（Nico Arcauz）

西班牙公用事业公司 Iberdrola 全球和西班牙地区智能电网负责人

尼科·阿尔考兹说，在 Iberdrola 公司监督一个项目时，他像心理学家一样思考。该项目的工作内容是创新技术，向西班牙 1100 万客户推广智能电表。

情商是这段经历的核心——来自不同文化、讲着不同语言的人聚集在一起，组成了一个横跨各个业务部门的国际团队，该团队还在英国、美国和巴西开展业务。

阿尔考兹说，他必须管理项目成员的心理层面，这是业务核心的转换。需要把握相关人员的心理反应，因为整个组织都牵涉其中。

阿尔考兹必须获得 4000 名员工的支持。他表示，这是一个挑战，"这个问题我无法简单回答"。"人们的第一反应是，这个项目不适合我……你需要把握好这些触发因素，让每个人都参与进来，提供培训和情感支持，保持诚实。这个过程是尊重和信任的结合，是双向的。你必须理解差异的存在，但你需要与之共存。你需要拥抱差异，理解其产生的根本原因。与此同时，你需要团队合作，让项目正常运转。"

这又回到了这个问题上：人们要拥有相同的目标或使命。"我们都在同一条船上。我们百分百都是 Iberdrola 公司的员工。但我们也是不同的，我们必须承认这一点，然后共同努力。"

阿尔考兹的团队把执行过程拆解为划分明确的阶段。第一阶段是对1‰的电表数量，即10万客户进行试点。第二阶段是在Iberdrola公司运营的4个西班牙地区扩大试点。第三阶段则会扩展到所有客户。阿尔考兹说，这种循序渐进的方法有助于"把握一种心理感觉，即你正在努力消除人们的自然对立。这种对立会让人奉行省力法则、不变法则，并安于舒适区"。

他们还明智地选择了要在哪里建立第一个试点。阿尔考兹表示，其中一个标准是选择一个这样的区域："我们能得到人们的正面反馈，因为他们希望成为领跑者，而且他们对新事物感到舒服。"如果他们选择的管理者不太倾向于改变，甚至反对改变，那么结果将完全不同。

在第一阶段试点成功后，公司受益于变革倡导者的增加。他们现在的新技术大使"是我们一开始的十倍"。

阿尔考兹的建议是尝试逐步做出改变："一旦发现问题，要立即扑灭火焰，不要火上浇油。试着从第一天就解释事情，处理那些威胁，因为如果不处理，人们会感到不安。"

阿尔考兹说："不要忘记的是，为了成功，人们必须参与进来。否则你会遭殃。"

4.5 如何影响和说服他人

一旦你为人们传达了你可以信任的信号，你就应该做到影响和说服同事，并激励他们推动变革。

影响指通过你存在的方式、你的气质、别人对你的了解和看法来影响别人，这种方式相对被动。而说服则是更加有意为之的、更加主动的技巧。

希腊哲学家亚里士多德在谈到气质、理性和悲怆时总结了影响和说服这两种技能的重要性。

- 可信度（ethos）是有关"你"的部分。你需要有信誉、自信、风度和权威，因为人们倾向于相信他们尊敬的人。
- 逻辑性（logos）则有关"信息"。向听众解释你传达的信息中的内容和益处。如果某件事应该发生，那么这就是它背后的逻辑。
- 情绪化（pathos）是你对待"客户"的方式。要有同理心，理解听众做某件事的驱动因素和需求。这样他们就更有可能被你影响和说服。

如今，在你的领导力要素中拥有影响和说服这两项技能是很重要的，你可以通过以下几种方法来培养它们：

- 如果你要转型，那就要用事实来支撑你的论点；
- 通过讲述你的期望、恰当激励他人来维护自己的观点；
- 让人们参与进来，询问并尊重他们的意见；
- 倾听、总结人们的感受，分享共同的愿景。

读者可以回到第 2 章阅读更多关于如何有效沟通的内容，以及去了解为什么让内部和外部的利益相关者共同参与、赢得他们的支持是至关重要的。领导者的人力资本和声誉也会以积极或消极的方式影响这一点。所以在项目改革之前和改革之后，照顾好各个层面的关系是很重要的。

练　习

考虑一下你如何用可信度、逻辑性和情绪化这 3 个要素来影响和说服你的团队。你是否在使用这 3 种元素，并达到了最大效果？

> 想想有什么方法可以提高你在口头和书面信息中的表达能力。

梅里·威廉姆斯（Meri Williams）
英国政府数字服务GDS前交付负责人

当梅里·威廉姆斯接手GDS的几个"互不交流"的多学科团队时，她用蛋糕和吉祥物打破了隔阂。她和每个小组的人都成为了朋友，并询问他们每周要烤什么蛋糕。威廉姆斯说："每周一早上，所有成员都知道我会带烘焙食品来，所以他们都会跟着我进入这个小厨房。"原本不认识的人们在排队时建立起了联系——这个"蛋糕联系网"至今仍然存在。

就算团队非常"你我分明"，"蛋糕联系网"中如果有两个人需要最终我（威廉姆斯）出面才能好好说话，那他们应该感到惭愧。因为他们都被蛋糕联系在一起了，他们不可能作为"我们"和"他们"这种非正式的网络存在。人们应将彼此视为"人"，而不是"他人"。

两个团队还被要求选择一个吉祥物，威廉姆斯给他们带来了能够代表他们的玩具。当团队不交谈时，玩具会被邀请参加会议。"如果两个团队对彼此抱有很大敌意，我会在工作日历里发出邀请，让两个团队的吉祥物出席。如果"狮鹫"和"獾"下周二有一场会面，那么一些团队成员也许也应该参加"，威廉姆斯说。

在会议上，你很难去和一个玩具争论，随着时间的推移，这样的吉祥物促进了合作——在整个团队中设定相同的目标也是如此。

在 GDS 工作期间，威廉姆斯开始与其他参与该项目的组织发生冲突。Gov.uk 是英国政府的官方沟通渠道，因此安全部门要担心的不只有网站被入侵，还有是否有人会发动战争。她和团队统一战线的方法是找出他们担心某些事情背后的原因，例如有人受雇想要危害国家，这时他们往往能够直接将本地笔记本电脑上的代码上传并投入使用。

"你会担心有人是在被迫工作，因而无法及时检测到危险。你也担心某些东西会意外泄露，例如预先准备好的文件。"威廉姆斯说。

GDS 团队想出了一个折中办法，那就是只把部署代码的能力交给少数通过一定级别安全许可的人，或资历较深的人。这些人也不允许单独部署代码。"与安全部门合作时，我们试图深入了解他们所担心的问题。如果我们尝试想出一种方法来防止你担心的事情发生，你愿意接受这种工作方式吗？他们是愿意的。"威廉姆斯说。

"如果你努力去理解人们，他们就愿意让步。我认为我为这个团队带来的改变是，以前是两方不停大声地重申什么才是正确的做法。我让他们各退几步，找出他们担心的问题所在，这样他们就不想发动一场战争了。"

通力合作

当你能够影响并说服同事帮助你推动改革时，你就可以让他们同你一起合作。这是推动改革所必需的另一项关键技能：多学科团队的合作，这为解决问题和形成批判性思维创造了合适的环境。

"这就像是头脑风暴的感觉,人们也产生了归属感",CNN的布拉希奈德·希利说。希利表示,构建、迭代和漫长的转型工作背后是一个长期的过程,在此期间,组织中各个层面的人员都必须参与和协作,否则就行不通。

希利表示,在构建一个项目的过程中,你必须学会就需要发生的事情进行诚实的对话,运用正确的工具来解决这些问题,在组织内部建立正确的关系,但最终要确保你找到合适的人做这项工作,而你要倾听他们的意见。

在 CreativeX 公司,如果要与其他公司建立合作关系,那么他们会把对方公司在改革管理方式时的"软技能"纳入考量。这家初创公司需要合作企业帮助他们,以便将所有流程完成数字化转型,内容主要围绕视频和图像。所以在 CreativeX 团队试图建立合作伙伴关系时,找到合适的人选进行交谈是至关重要的。

"他们必须确认这位合作伙伴公司的联系人是否就是他们想要找的那个角色。这个角色不仅要了解做这件事情需要跨职能、跨国家的合作,而且需要能够改变和补充现有的流程。需要将各个层面的利益相关者组织参与进来,因为我们正在商讨去做一些以前根本没有做过的事情",安娜塔西亚·伦说。

4.6　照顾好自己

领导一个转型项目会让人筋疲力尽,管理者尤其要承担精疲力竭的风险,所以在管理转型的过程中,建立弹性管理制度是关键。随着改革的步伐不断加快,需要注意员工是否存在压力过大的迹象,例如睡眠问题、焦虑和饮酒过量,这些问题容易造成员工健康状况受损。

特别是在新型冠状病毒感染之后,公司不得不在员工的心理健康上花费更多时间。

2020 年 1 月，德勤一份关于心理健康和雇佣开支的报告显示，心理健康状况不佳会给英国雇主造成约 450 亿英镑的额外成本。

在发生过一些备受关注的案例之后，过去 10 年里，公司为员工提供支持的方式已经发生了很大转变，例如时任劳埃德银行(Lloyds bank)首席执行官的安东尼奥·奥尔塔-奥萨里奥(Antonio Horta-Osario)在 2011 年曾因压力引起的失眠而请假。这一经历促使他重新审视了对该行 6.5 万名员工健康状况的支持力度，进而引入了一系列措施，包括设置心理健康专员岗位。

思杰公司还培训了心理健康急救人员。"人们可以去接受咨询，但不用害怕咨询内容会被泄露给管理层"，米歇尔·塞内卡尔·德丰塞卡说道。

"在 IT 和电信行业，你的工作总是会充满风险——尤其是对于中高层管理人员而言。曾经发生过一次并购，收购方是突然出现的。收购完成后，出于职能重复和降低成本的考虑，原有的一些管理层就被踢出去了。企业不断重组，意味着员工要不断学习和掌握新兴技术，这要求每个人拥有与时俱进的精神。因此，这个行业往往会让人们处于紧张状态。"德丰塞卡说。

你最终可能会遭遇一种难以名状的失落，感觉无法控制自己的命运，或者你会感到不安全，抑或不相信你的领导能正确地回答你的问题。

作为一名管理者，你的心理弹性可能会影响你面对变化和挑战时的应对能力，这一点我们在第 2 章中详细讨论过。但你可以学习如何在压力、创伤或挑战事件后良好适应、快速恢复。

你能做的事

- 建立自己的顾问团。在工作内外都应该建立一个有强大影响力的支持者网络，这样可以帮助你坚持正确的观点，并专注于自己的事业。少而精的关系通常比一大群无用的熟人更有益。

- 找一个导师,加入一个同伴支持小组,扩大你的人际网络。
- 学习管理消极思想的技巧,关注事情积极的一面,甚至把生活中的挑战都视为机遇。
- 定期锻炼有助于减轻压力和焦虑。
- 最后,对自己好一点,休息一下。从一天的忙碌中解脱出来,把注意力集中在其他事情上,例如爱好、书籍、朋友或冥想。

4.7　下一步如何做

(1) 思考你所拥有的软技能,重点考虑前面提到的:情商;用真实性、可信度和同理心建立信任;影响和说服他人;理解内在需求;适当委派工作,帮助改进。

(2) 选择 3 个你想要学习的技能。写下需要改进的地方和原因,参考过去和现在的经验,牢记你的数字化转型目标。反思你如何能达成目标。

(3) 主动参加雇主提供的软技能提升课程,或者为提高技能做一个商业案例,抑或参加一些免费的在线课程。

第 5 章

数据魔术师与智能管理

在当今世界,数据就是一切。数字化转型意味着利用数据和技术来推动变革。"数据是所有业务的核心",西班牙科技连锁企业家大卫·维万科斯(David Vivancos)说:"没有数据,就没有商业。"

这里我们要关注的是数据分析价值链中的"人"的要素,以及在跨行业引入数据分析技术,并根据分析结果采取行动时,这些受访公司所做的或正在做的事情。很明显,无论从事哪一行业的工作,你都需要熟悉使用数据的方式,以及了解数据对自身角色和团队的意义。用数据来驱动决策不仅可以为团队带来至关重要的洞察力,还能确保根据客户的行为满足他们的需求,或者让你有能力做出更准确的预测。

与数据的重要性相关的例证很多。例如,你可以根据历史数据判断哪种类型的人更有可能购买某种产品或服务;银行在评估贷款风险时可以选择性地确定客户,从而确定向谁推销以及如何推销。

数据正在塑造各行各业的商业图景,从个性化数字医疗、在线课程,到改变律师开展业务的方式,或者帮助一家公司决定是否要在某个特定城镇开设实体店,都离不开数据的应用。

美国商会基金会(US Chamber of Commerce Foundation)网站表示,数字信息正以一种令人难以置信的速度被创造、分析和存储:"全球90%的数据都是在过去2年内产生的。这种信息爆炸被称为'大数据',它正在彻底改变我们周围的世界。"

据 seotribunal.com 网站估计,在任意一天,仅谷歌单个网站的每秒搜索量就超过 6.3 万次。

这些技术正在改变我们生活的世界,它们是这样被应用的:麦肯锡公司一份题为《利用数据实现商业影响》(*Achieving business impact with data*)的报告称,自 2013 年以来,可用数据的绝对数量不仅呈指数级增长,而且预计还将继续增长;目前已经开发出了新的工具,能将这种"大量原始数据"转化为分析和行动。

本书中接受采访的公司都在努力应用数据,包括制定战略、确保内容一致性、为团队领导人的决策提供信息等。例如,在英国《金融时报》、CNN、NZZ、DN 和日经(Nikkei)等媒体机构,数据被用于推动有关新闻报道的决策;数据还帮助全球性律师事务所霍金路伟(Hogand Lovells)找出法律行业的趋势,或是了解 Habito、Starling 等金融服务业和银行业的客户行为。

5.1　建立你自己的数据库

数据可以在我们采取行动之前、期间和之后影响我们的商业决策。正如惠普公司(Hewlett-Packard,HP)前首席执行官卡莉·菲奥莉娜(Carly Fiorina)所言:"我们的目标是将数据转化为信息,将信息转化为洞察力。"

"数据不一定是非常复杂的东西",麦金利·海登(McKinley Hyden)表示。接受采访时,她是英国《金融时报》创意与洞察部门的主管。

如果管理得当,数据在其发挥作用时通常不会被注意到;但如果处理不当,数据却可能会给企业带来声誉风险,甚至影响企业的收入。

思杰公司高级执行官德丰塞卡说，打好基础是至关重要的。她敦促说："如果你没有数据相关基础，就必须开始建设，否则这将成为一个很大的问题。"

根据专业服务公司普华永道（PwC）的建议，你可以通过以下3个步骤开始打下基础。

（1）了解你所拥有的数据，并且明确你需要开发或获取哪些数据。基于这些数据，你能够获得新的见解。

（2）治理这些数据。一旦理解了数据背后的意义，就需要对其进行简化和集成。这通常涉及云技术或其他集成技术。

（3）建立对数据的信任。数据需要保持透明和安全，这需要良好的数据管理方式、数据质量和恰当的清洗流程。

全球性律师事务所霍金路伟副首席执行官迈克尔·戴维森说，该公司必须制定数据战略，原因在于该公司拥有数十万客户，因而拥有庞大的数据集。"在我们的领域引入数据并进行分析是一项挑战。"戴维森表示。

他们考虑的问题如下。

- 公司里的哪些人拥有数据？
- 谁负责维护数据？
- 你会怎样存储数据？
- 你会如何组织数据？
- 如何构建新的数据集？
- 你会怎样使用数据？

该公司拥有人员和客户接收系统，以及机密的客户信息。戴维森表示："将这些内容链接在一起是一项挑战。这是一个巨大的文化转变。这些数据现在是公司的数据，而不属于律师个人。"

管理者必须让员工相信数据是重要的，收集数据不是可有

可无的事情。制定战略是一个痛苦的过程,但它绝对关键。戴
维森说:"现在数据是爆炸式增长,人们每天都在以不同的方式
成为数据所有者",因此管理者需要阻止事情"失控"。

萨斯瓦提·萨哈·密特拉(Saswati Saha Mitra)
美国即时通信服务 WhatsApp 研究主管

从数据中获得的洞察很有价值。但对于 WhatsApp 这
样拥有端到端加密的公司,这意味着只有互相交谈的人才能
看到共享的内容,这时你会怎么做?尽管脸书(Facebook)
旗下的即时通信服务存在隐私问题,研究人员却无法收集
用户数据。

萨斯瓦提·萨哈·密特拉和她的团队必须依靠员工自
己进行外部分析。"我们形成了一个非常不同的世界,你没
有数据,但你必须能够更多地依靠外部分析来解决问题",
密特拉说。

举例来说,新型冠状病毒感染或选举期间,WhatsApp
上会有相当多的错误信息流传。WhatsApp 必须找到方法
来控制这个问题,但他们还不能"在不解散 WhatsApp 的情
况下,直接进入并删除这些内容"。因此,团队不得不广泛
地依赖他们的内部社区来进行众包,并问人们:"你在你的
社群中看到了什么样的错误信息?"

密特拉说:"人们允许分享这些信息,我们才能据此做
出推断。"

但该公司不知道这些信息的具体内容,因此员工不得
不重新向 WhatsApp 或 Facebook 的同行众包这些信息,并
询问他们在自己的社群中看到了什么。该研究团队还与外

部用户合作,例如,他们会询问外部用户是否收到了看起来可疑的信息。

"这些数据需要依赖用户自我报告。但数据能给我们一些合理的信号,提示我们一切正常,或者某些信息看起来有古怪。这给了我们一个信号,那就是这个市场肯定发生了一些变化,所以我们的用户才会有数据反馈过来。"

但密特拉确实提醒人们要谨慎行事,因为高度依赖用户自我报告数据比起纯粹的产品分析来说显得略微不可靠。"但这是我们确保用户隐私的最佳方式。"

5.2 如何理解和使用数据

为了本节的论证目的,我们首先假设你工作的组织已经在进行某种形式的数据收集。

使用数据来驱动决策可以帮助提高组织的敏捷性,帮助企业和个人更快地做出决策,以回应业务需要,并发现成长机会和聘用需求。管理者可以衡量收益,也可以考虑下一步要采取什么行动。通过数据,企业还可以更加了解客户的需求和行为,确定他们下一步可能购买的产品和服务,并进行相应的开发或调整。

美国巴布森学院(Babson College) IT 和管理学教授、《紧跟量化》(*Keeping up with Quants*)一书的合著者托马斯·H.达文波特(Thomas H. Davenport)表示,管理人员在使用数据时应该采取 3 个关键步骤。达文波特将这 3 个步骤定义如下。

(1) 勾勒问题。定义你想要回答的问题。如果你对问题的定义不正确,再多的数据也无法让你找到正确的答案。认识到问题是什么,回顾之前的发现,这些都能帮助你更好地勾勒它。你需要提出正确的问题来明确业务上存在的缺陷,然后使用数据集或拆解数据来找到问题的根源。

(2)解决问题。选择变量,收集测定这些变量的数据,然后进行分析。你可能不会自己做分析,但你提出的问题和见解对于找到解决方案是大有帮助的。

(3)呈现结果并采取行动。如果你希望某件事情发生,你就必须有效地传达结果。如果决策者不理解结果或它们的含义,他们就不愿意根据这个结果做出决定。

达文波特在《哈佛商业评论》(*Harvard Business Review*)的一段视频中表示:"数字化转型团队领导者的工作是为数据分析师提出问题,并将他们的发现以令人信服的方式展现出来。"

1. 处理偏差

我们采访过的许多公司都有访问大量的数据、事实和信息的渠道,有些公司正试图制定他们的数据战略。不仅如此,这些公司还试图确保他们的数据没有偏见或偏差。如果不对数据加以检查,可能会带来透明度和问责制方面的问题。

西班牙马德里 IE 商学院(IE Business School)国际 MBA 教授、初创企业导师阿尔伯图·利维(Alberto Levy)表示:"如今人们对数据的使用绝对是有自己的偏向的。你可以根据自己的偏向来解释数据。"

确保数据在研究中没有偏差的一种方法是仔细考虑数据的抽样过程。

当萨斯瓦提·萨哈·密特拉在印度从事谷歌研究项目时,其团队小心地确保在广泛的地区进行采样,而不仅是在互联网连接更稳定的城市地区采样。密特拉说，问问你自己，你在抽样中多大程度上纳入了一个有代表性的社会，而不是为了方便只联系城市地区的人，虽然这部分人的答案可以通过互联网很方便地得到。确保更广泛的包容性需要更多的金钱和时间，但"整体视角"的确很重要。"但令人惊讶的是……有时我认为我们高估了差异性，而实际上世界是有更多相似性的。"

例如，在产品数据方面，当你查看客户反馈时，其中肯定会有偏见。密特拉表示："我们经常看到，写信抱怨的男性比女性多得多。所以这里肯定是有偏差的。我不会称其为偏见，因为你可以选择报告或不报告，这是客户的自由。但它是存在偏差的，因为我们从男性那里得到的反馈更多，从年轻人那里得到的反馈比老年人更多。"

你需要处理已有的信息，并使用你所拥有的最佳数据来解决问题。但是，在制订计划或做研究、分析时，用更好的方式处理偏差可以大大改善结果。公司不再依靠所谓的直觉，即使数据可以在很大程度上证实这些直觉。

"没有回头路了"，尼科·阿尔考兹说，他是 Iberdrola 全球和西班牙智能电网的负责人。"决策不能依靠直觉。它需要有数据作为支撑，否则就不会被采纳。"

Starling 银行在安保和入职中使用了机器学习和人工智能的技术。该公司首席执行官安妮·博登表示："但审计这些模型是非常重要的，因为它们很容易产生偏差。"

Starling 银行运行着庞大的、非常复杂的模型，通过查看模型中的数据，银行可以确定某些结果。但博登表示，这些模型是根据以前的决策进行训练的。"你必须非常、非常小心……这些数据可能并不能让你推断出某个结果。"

2. 满足客户需求

有的人则试图从客户的角度考虑问题,无论是记者还是线上珠宝零售商。

英国《金融时报》前总编辑罗伯特·施里姆斯利(Robert Shrimsley)表示:"你要站在顾客、读者和用户的角度考虑问题,以确保你能为他们提供想要的东西,这是唯一的途径。"

有时,你需要回归基本问题。在线珠宝零售商 Astrid & Miyu 的创始人康妮·南(Connie Nam)表示:"如果你考虑到最终目标,即你想要实现的目标,而不是过分拘泥于分析的方法,创新可能会自然而然地随之而来。"

康妮·南认为理解和满足客户需求的问题有以下几个。

- 你的客户想要什么?
- 他们现在正在寻求的是什么?
- 你想销售的是什么?

产品开发和销售团队每天都在进行分析。他们考虑的东西包括以下几点。

- 我们已售的产品是什么?
- 它们属于什么类别?
- 它们是什么颜色的?
- 它们是哪一批次的?

康妮·南表示:"客户想要什么、买了什么——我们的产品开发在很大程度上是由这些数据驱动的。这些数据中涵盖了客户反馈、市场可能出现的趋势预测等,这些东西都混合在一起。"

3. 获得见解和价值

之前提到的麦肯锡报告中还指出,"最基本形式的原始数据实际上毫无价值,除非我们通过从中收集有价值的见解来让数据'发出声音'。"但我们如何能让数据说话呢？

该报告确定了"洞察力价值链"的一些关键组成部分。

- 数据必须贯穿收集、链接、清洗、丰富和增补信息这一整个过程。
- 分析能力描述的是一组用于提取数据见解的工具方法（如软件），以及能够开发这些方法的员工。
- IT 是支持数据存储和处理的技术层。
- 从销售一线到业务内部的人员都需要进行分析操作，将数据转化为观点和结论并成功实践。
- 整个流程必须能够成规模地进行。有些可能需要调整，有些可能需要自动化或更敏捷。

和珠宝零售商 Astrid & Miyu 一样，Zoom 视频公司也运用数据来分析公司应该在哪个地区进行扩张。"我们一定会密切关注数据。我们会根据眼下的趋势来指导业务。2020 年是戏剧性的一年，它促使我们以不同的方式思考以下几点，包括评估当前的潜力、恰当的发展速度，以及如何最好地抓住手头的巨大机会"，Zoom 国际主管阿比·史密斯说。

无论你是在教育部门还是卫生部门，或是在媒体或银行业工作，如何在日常管理和业务中使用数据都是保持竞争优势的关键。德勤公司一份关于数据成熟度的报告指出，对于新闻和媒体公司来说，如果他们擅长在统计订阅数和其他消费收入的模型中使用数据，就能有效提高读者留存率、付费产品的转化率和每位读者贡献的收入总量。

《金融时报》前总编辑罗伯特·施里姆斯利表示："有了网站上的统计数据，你就能不断得到有关你所做决定的反馈，这是一个微观层面上的持续过程——哪怕只是一个段落或一张图片，都有可能成为信息的来源。这些信息是为你准备的，从中你可以知道什么是有效的,从而更深入地了解你的受众想要什么,什么对受众是有效的。我们的商业模式已经从广告模式转变为订阅模式,所以了解什么信息对读者有用比以前更重要,了解读者想法是非常重要的。"

在教育和培训方面,数据正被用来确定客户的需求以及他们对课程的看法。"我们在过程的各个环节跟踪数据,"古斯塔夫·诺德巴克说。Headspring 是英国《金融时报》与英国企业商学院(IE Business School)的合资企业。它使用数据来监控如下信息:

- 早期调研;
- 营销活动;
- 了解用户画像;
- 客户如何与 Headspring 的内容互动并参与活动;
- 了解培训过程的设计和实施;
- 学习效果。

诺德巴克表示,数据只会在珠宝界变得愈加重要。分析数据对于课程的"精心设计、形成良好的学习体验是至关重要的,我们要尽量提供对客户影响最大的学习模式。"诺德巴克提到。

正如我们所见,数据的使用正在成为许多公司成功和转型的关键。总体策略和流程可能是类似的,但我们必须根据公司、部门和项目的目标来针对自己的团队或公司进行个性化。

这也解释了为什么像 Salesforce 这样的客户关系管理团队数量呈爆炸式快速增长,因为他们能够提供管理、应用数据的服务。

康妮·南（Connie Nam）

在线珠宝零售商 Astrid & Miyu 创始人

在 Astrid & Miyu 公司，数据在很大程度上推动着业务决策，包括在线零售商应该计划将实体店扩展到哪些城镇或国家。

2020 年，该公司战略的一部分是走向国际。"我们根据网站流量和收入的来源确定我们优先考虑的国家和地区。因此，公司的重大决议在很大程度上也是数据驱动的。"

在英国，康妮·南还计划开设几家地区性门店。她表示："做出这一决定的考虑因素是，公司官网显示客户来自英国各地区的哪些地方。"

该公司运行了一个应用程序用以显示网站的访问热点。"我们一直在网站背后监控、分析，这些热点让事情变得更好"，康妮·南说。因此，她知道，公司的目标城镇或国家可能有潜在客户，因为某些业务部门会提供相应的服务。康妮·南说："我们提供穿孔、文身、手镯焊接服务，这些都是网上买不到的。"

当其他实体零售商在艰难的经济前景中挣扎时，康妮·南却充满希望和乐观。"我认为很多企业需要了解什么才能吸引人们走进实体零售店的大门。实体商店不能只卖产品。我认为你需要提供产品以外的东西，毕竟现在网上购物很容易。但还是有很多人不习惯网上购物的。"

练　习

读者应该考虑如何利用数据来优化业务结果,并根据可靠且有意义的数据为你的公司或团队做出决策。越来越多的组织正在建立自己的数据团队,而不是依赖第三方合作伙伴和第三方来源。

根据洞察价值链,写下这些问题的答案,进行反思,并从数据的角度思考。

(1)如何开始收集数据?哪些数据与你的项目相关且合适?如何获取这些数据?想想最简单和经济实惠的方法。如果你没有预算,或只有很少的预算,请使用开放数据(可以公开和重复使用的数据)来获取整体的图景。

(2)目前,已有哪些软件或数字工具可以为你提供数据集?

(3)哪里可以安全地存储这些数据?

(4)在数据使用中,需要处理哪些法律问题和合规问题?

(5)在你的团队中,是否存在最优秀的专业人员来整理、保护和理解这些数据,以便能够在实际操作中使用它们?

(6)根据收集到的数据,你可以采取哪些行动?

(7)如何使用扩展数据?

5.3　数据如何推动文化变革

数据还推动了传统角色执行方式的文化转变。例如,那些曾经被动等待客户联系的律师,现在不得不积极主动地向客户汇报商业趋势。销售经理领导的不再是"销售人员",而是"整个销售过程"。

霍金路伟律师事务所的迈克尔·戴维森说:"律师界的传统做法是人们找我们寻求法律建议。现在则是我们用数据来进行预测。客户想知道商业趋势——我们在市场上看到了什么?未来会发生什么?"

戴维森说:"我们现在对客户说:'我们已经得到了这些数据,你身处这个领域,这些事情是很可能发生的',然后公司就可以建议他们如何应对英国脱欧、新冠病毒蔓延或其他任何风险。我们确保我们正在用数据改善服务。"

此外,霍金路伟律师事务所还与数据科学专业的大学生合作,尝试为他们培养数据相关的技能。这也让公司有机会看到它未来可能招聘的潜在员工。

类似的角色转变也发生在思杰公司。该公司高管米歇尔·塞内卡尔·德丰塞卡表示:"我一直告诉我的团队,目前我们领导的是销售人员,但我们未来的目标是要领导整个销售过程。销售将变为一个由数据驱动的过程,我们的目的是找到潜在客户,然后继续前进。"

思杰公司开发了一种预测工具,用于看到哪些人处在购买周期中。这个工具为他们提供了以下信息。

- 潜在客户是在关注产品,还是在关注你的品牌或你竞争对手的品牌?
- 潜在客户是在浏览某个特定主题的网站吗?

思杰公司有一个评分系统,用于衡量销售人员应该在哪些方面花更多时间来接触潜在客户。德丰塞卡说:"很高兴我们在过去两年(2018—2020年)花时间开发了这样的评分系统,因为一位优秀销售人员的主要驱动力就是他们喜欢与客户进行线下互动。"

"在新型冠状病毒感染期间,除了在电脑前,人们几乎无法去到任何地方,那么你怎么找到潜在客户? 你如何与他们互动? 此时这些预测工具就能够向你展示人们活动的地方。"德丰塞卡表示。

一些公司试图找出谁是数据所有者,并进行数据审计,以便在他们之间建立联系。

总部位于美国的金融科技平台 iCapital Network 的首席运营官汤姆·福廷非常了解数据的所有权。从之前的数字化转型经验来看,福廷表示:"在整个金融服务行业,控制和隐藏数据是在组织内部争夺权力的首要方式。"

"当你想让数据具备透明度时,你真的会发现组织中那些热衷于争夺权力的人想要控制和隐藏自己的数据。这些人反对数据透明……因为他们正在失去对数据的控制。但数据透明会让整个组织能从中受益。"

麦金利·海登(Mckinley Hyden)

《金融时报》创意与洞察部门主管(2019—2020)

当麦金利·海登被派往英国《金融时报》编辑部进行数据分析时,她采取的方法是"让编辑部的老古董们见见光"。但在几个月没有取得什么进展后,她意识到"这不是一种有益的态度"。

因此,海登不得不重新思考自己该如何引入变革,并且她开始倾听和理解《金融时报》编辑的观点。"我真正需要做的是花时间讨论和倾听决策是如何做出的,以及做出这些决策的驱动力是什么。因为除非你知道动机是什么,否则你无法从根源改变其引发的行为。这真的很关键。"海登说。

海登希望自己被更多人了解，并将数据作为话题，为了实现这一目的，她采取的方式是与不同的新闻部门交谈。她说："编辑部比其他部门更擅长质疑。有人就我正在使用的一个指标问了我一些非常尖锐的问题，我非常不习惯被问到这类问题，因此我不得不退一步思考：我为什么要使用这个指标？"

海登与一位新闻部门负责人进行过一次谈话，通过这次谈话，他们找出了新闻编辑室关注的一项重要数据——阅读质量指标，包括在页面上花费的时间、页面浏览量和页面滚动深度。

海登问过一位新闻编辑，什么样的信息对她而言是有用的。"她说我们会根据页面浏览量来判断。但也有一些内容，我们知道它永远不会有很多浏览量，但我们知道它很重要。你怎样才能说明这种情况呢？这是一件很难形容的事情。"海登说。

进行这些对话很重要，但对数据产品进行演示也很重要。"如果你只是简单地说：告诉我什么是有帮助的，那是毫无意义的。人们会不知道对这个问题该说些什么。如果他们甚至不知道数据是什么样子的，那就很难进行对话。"

"你必须同时做到这两点：你必须说数据是这样的，然后必须找到一种方式来展示它。例如，这是我们可以告知的关于你的办公桌的信息，然后再说数据能够如何帮助你：这些数据如何对你更有用？你可以在这里引用哪些新闻？数据有缺失部分吗？"

5.4　哪里会出错？

唯有当你能从数据中获得创新性结论时，数据才是有效的。你确实需要谨慎，因为存在一些"坏数据"。

例如，据《卫报》报道，曾有一桩案件被称为英国法律史上最大的司法不公之一：数百名前邮局工作人员被判犯有盗窃、欺诈和虚假会计罪，原因是邮局安装了由日本计算机公司富士通提供的 Horizon IT 系统，而该系统错误地显示邮局存在现金短缺。

2021 年，数十名员工被上诉法院宣布无罪释放，这为其他700 名邮政局长洗脱罪名扫清了道路。

在该案件书面判决书中，霍利罗伊德大法官（Lord Justice Holyroyde）说："被告被起诉、定罪和判刑的前提是 Horizon IT 系统提供的数据一定是正确的，而事实上，这一前提可能并不可靠。"

西班牙马德里 IE 商学院的阿尔伯图·利维（Alberto Levy）表示，尽管上述出现问题的例子可能被视为特例，但数据世界是"疯狂的"，因为你可以用数据做任何你想做的事情。利维说："我们拥有这些庞大的数据集，只需要对它们进行适当加工，就能解释任何你想得到的结论，并用数据证明我们的行动是合理的。"

本书中许多受访公司都在关注其数据的一致性，即对变量的测量要贯穿整个数据集，以及从法律、软件和金融服务等不同部门和国家收集数据时都要具有连贯性。

当汤姆·福廷还是贝莱德集团董事总经理时，为了获得一致的数据，他们需要将企业系统集中在一个数据库上，将一个流程集中在一个系统上。这是关键，流程必须具有一致性。所有的流程必须使用同一个数据库来实现。

"然后你必须让每个人都专注于同一个系统,你创造了这种相互依赖的关系,无论何时,你都要尽力保持数据和过程的透明度。"福廷表示。

与此同时,霍金路伟律师事务所发现,其最大的数据集在美国和英国,而且这些国家的数据具有很高的相似性。但该公司副首席执行官迈克尔·戴维森表示,一旦扩大了搜索范围,就很难保持这种一致性。

其中一个原因是,世界各地对数据隐私的法律要求和限制各不相同。有关数据最重要的法规之一是欧盟的《通用数据保护条例》。它涵盖了欧盟国家的数据收集、使用、传输和安全规定。有关 GDPR 的完整指南请访问以下网站:https://gdpr.eu。

英国在国内法中保留了 GDPR,但该框架可以随时审查。

根据信息专员办公室的说法,GDPR 在英国涵盖的限制类型有以下几种。

- 个人有权要求限制或禁止其个人数据。
- 当处理过程受到限制时,你可以存储个人数据,但不能使用。
- 个人可以口头或书面提出请求。
- 你有一个月的时间来响应请求。

与之相对,美国没有管理数据的联邦法律,但有关于健康和信用信息的法律。

美国政府机构联邦贸易委员会(Federal Trade Commission,FTC)也在进行消费者数据保护。FTC 官网警告企业,要清楚如何处理消费者数据。有关联邦贸易委员会的更多信息请访问 www.ftc.gov/tips-advice。

中国也在考虑引入个人数据保护,其草案与 GDPR 有一些相似之处。

根据霍金路伟律师事务所在 lexology.com 网站上发表的一篇文章,截至 2019 年,非洲的 54 个国家,有 25 个通过了数据保护法,而其他国家也提出了正在商议中的法案。

对于霍金路伟这样的公司来说,这意味着在与多样性和包容性有关的问题上,"我们可以在英国和美国收集尽可能多的数据",但在欧盟国家,由于《通用数据保护条例》(GDPR)的限制,考虑到个人身份问题,这样做是很难的。

霍金路伟历经三次才制定出正确的战略,这本身就是一个挑战。戴维森说:"我们需要对数据的质量保持十分的小心。在进行 2021 年的客户分析时,我们使用了算法来帮助分析。但在应用算法后需要进行一些交叉核对,否则你可能会得到不可靠的结果。"

为了说明这一点,戴维森举了一个通用的例子:某组织有一个招聘数据库,十年来该公司从中雇用了 1000 人。同样是信息来自数据库的员工,来自 A 学院的员工被成功聘用,而来自 B 学院的员工则没有。

戴维森表示:"这是一个真正的问题,因为你要招聘的是合乎统一标准的人,他们需要做的事都一样,看起来也没什么分别。这个问题在招聘决策中变得更加具体,此时不合适再依赖数据。即使是盲招也需要检查与平衡。数据能帮助你的到此为止,接下来,你需要用人力来挑战数据。"

戴维森说,即使有了机器学习,这种通过从数据中学习来进化的算法要处理上千份文件,才能生成一个案件的信息图,"你仍然需要一个人在后台检查"。

德丰塞卡也同意这个观点:我们仍然需要人来交叉检查数据,因为可能会存在数据输入方式的问题。"在过去的三四年里,我们不得不开发具有预测分析功能的智能商业工具。然而,即便这样,也不能完全依赖数据输出,因为一些输入数据来自历史信息,而这些信息可能是不准确或不完整的。或者,AI算法中可能会出现一些偏差,因此必须加以注意,这样你就不会得到意想不到的后果。"

"你仍然需要用人力去进一步了解业务,这样才能够对数据所说的内容提出合理质疑并解释业务结果。我们在这方面做得越来越好,我相信很多公司都在经历同样的学习曲线。"德丰塞卡表示。

与此同时,在医疗保健领域,机器学习也正在产生着巨大的影响力,美国医疗保健高管、肿瘤学医生坎瓦吉特·辛格(Kanwarjit Singh)表示。在美国,机器学习被用来查看医疗数据集并筛选变量。

但是错误依然可能发生。对于英国《金融时报》创意部门主管麦金利·海登来说,数据的使用也并非一帆风顺。当时,海登正在为一个新闻编辑数据项目工作,开发网站上的一个新内容板块。她意识到,该网站"逻辑上存在错误,导致数据混乱"。该部门一直在根据这些数据做出许多决定,并认为他们的数据分析工作做得很好。但海登不得不告诉他们:"事实和你们以为的恰恰相反。这并不好。"

尼科·阿尔考兹(Nico Arcauz)

智能电网全球和西班牙主管,Iberdrola,西班牙公用事业公司

"数据金矿"不仅帮助这家西班牙公用事业公司预测了电网停电等问题,还减少了公司面对的欺诈行为。

"不过,仍然有一些顾客从我们这里偷东西",阿尔考兹说,"还有一些非用户非法连接网络,这也增加了公司的损失。"

在对智能电表进行数字化改造之前,住户会被随机进行抽查。现在这类抽查的活动更易开展,也更有针对性。现在,Iberdrola 公司可以利用电表上的数据来计算平衡:先将消费量缩减到一个特定社区,再把消费量缩减到过线的某一户。

通过分析网络中亏损"远高于应有水平"区域的数据,该公司可以将其在该区域的资源分配到各户,以控制任何潜在的欺诈行为。

Iberdrola 公司从数据中创造价值的旅程才刚刚开始。从业务角度来看,阿尔考兹监督的项目能够获益,主要依靠的就是控制损失和欺诈检测工具。阿尔考兹表示:"我们正坐在数据的金矿上"。他们正在使用数据分析技术,这样一来,他们不仅可以在资产出现故障时进行纠正,还拥有预防性解决方案,以便在资产出现故障之前采取行动。

该公司从电表收集的所有数据也有利于网络建模和优化投资,还能自动报告事故。

客户同样能从数据中获得价值,因为他们能够在线管理自己的消费,在考虑能耗时也能得到更好的信息辅助自己做出决策。

稳定的供应质量是一个巨大的意外收获,因为服务可以比过去更快恢复。Iberdrola 公司已经完成了 25% 的改善,现在客户每年仅 45 分钟没有电。不仅如此,该公司还利用数据来预测停电后客户的反应,这使得索赔人数大幅下降。

"我们想要传达的信息是我们已经部署了技术,并把重点放在了提高业务效率上,但同时我们也关注客户,为客户提供服务,帮助他们在签订合同时做出明智的决定。"阿尔考兹说。

5.5　下一步如何做

（1）明确你所在组织的数据战略，思考其如何与业务优先级保持一致。

（2）想想如何将你的工作与数据联系起来，并想出一些简单易行的方法来做出改进。例如，如果考虑增加价值，一种做法是分析客户流失，并思考如何减少这种流失率。

（3）在内部和外部利益相关者的帮助下提出一个问题，用于帮助你实现目标。说明你还需要获取哪些数据，这些数据将来自哪里。

第 6 章

多样性的力量

拥有多样性和包容性强的员工队伍是企业成功实现数字化转型的关键。恰当的员工构成不仅有助于公司增加全球市场份额,还有助于创造个性化的产品。

本章将介绍招聘环节之外具有前瞻性的步骤,并为读者提供相关建议,帮助你了解如何向团队中不同成员做出承诺、提升他们的参与度,以及如何真正让他们融入集体,确保他们的声音被听到,并使他们在工作中取得进步。

多元化举措(也称多样性举措)在今天的商业中仍然是相对新颖的,它们往往还处于公司战略和计划的边缘位置。然而,企业掌握多元化举措是至关重要的,因为企业的客户、员工和潜在人才都在期盼这样的新政策。但要让多元化政策发挥作用,往往会需要管理人员承担这样的责任,因为对他们来说,这一战略不得不启动,他们将对这些战略的日常工作负责。

公司实行多元化举措往往只是问题的开始。在组织层面上,这些政策可能无法获得持续驱动,尤其当扁平化的内部部门结构可能会使其难以取得进展,或者员工人数的压力导致难以获得额外资源时。

"我们看到了很多诸如此类的关于多样性和包容性的问题。"接受采访时担任英国《金融时报》多元化与包容性全球主管的普里西拉·巴弗尔(Priscilla Baffour)表示。

总部位于美国的领先教育公司 General Assembly 负责社会影响的副总裁汤姆·奥格莱特里(Tom Ogletree)对此表示赞

同："当公司高管层对多元化、公平和包容性做出各种大胆的主张和承诺时，这些决议并不总能在组织内部传递到招聘人员或招聘经理的层面，因为后者更倾向于规避风险。"

多元化的团队能反映公司的市场情况，并能让公司站在客户的立场思考问题，从而更有效地满足客户的需求。这反过来又磨炼了创新产品和服务的设计。不仅如此，多元化的团队还可以很大程度地影响盈亏底线。例如，麦肯锡公司 2018 年的一份报告显示，性别多样性排名前 25％ 的公司，其利润高出平均水平 21％。

管理人员在多元化方面面临的挑战是他们不得不管理差异化很大的一群员工。这意味着管理者必须更加努力，努力满足团队的需求，从而支持下属员工，使他们能够在最佳状态下发挥作用。

6.1　多样性和包容性的定义

多样性和包容性密切相关，但它们是两个彼此独立的领域。前者不仅包括性别、种族、社会经济背景、教育和宗教，还包括沟通和工作方式、性格类型、经验水平、年龄、是否残疾——所有这些因素都会影响人们一起工作的方式。

多样性还包括更微妙的方面，比如你曾经工作的地方如何改变了你的观点。

巴弗尔说："关于来自各行各业和经历的人们在工作中共处在一个地方，人和人之间的差异受到尊重和重视。作为一名领导者和管理者，关键应该能够理解思想和经验的多样性，并关注哪些人的声音没有被听到。"

包容性则是另一方面,它是在工作中创造一种合作的氛围,让每个人都觉得自己有权在会议上发言,让自己的想法被听到。这是组织真正整合员工、团队和部门的过程,并且允许以积极的、培育的方式探索差异。

"对我来说,这不仅有关种族或残疾的特征,还有关不同的个性风格和不同的思维方式。企业要想真正创新,就需要有不同风格和工作方式的人。我们不可能都是喜欢社交的外向者。"巴弗尔说:"为了让我们看到多样性和包容性的真正价值,我们需要为员工创造空间,让他们做真实的自己。"

在这方面做得好的具有包容性的领导者倾向于以同样的方式发展跨文化能力,他们可能已经用这种方式了解了他们的项目管理或预算。他们想要了解与自己不同的人,并不断为此付出努力。

1985 年创立英国挑战咨询公司(Challenge Consultancy)的费米·奥蒂托朱(Femi Otitoju)表示:"没有足够多的企业强调这一点,但领导者需要擅长包容。"

对于团队和企业而言,重要的是把共同的价值观放在第一位,而不是相同的年龄、性别或经历。否则,你将面临构建一支拥有相似看法的同质团队的风险。

这两点为什么对于创新尤为重要?

在 2020 年黑人乔治·弗洛伊德(George Floyd)被一名美国警察谋杀后,美国"黑人的命也是命"(Black Lives Matter)抗议活动不断扩大,促使许多公司着手解决其组织中缺乏多样性的问题。公司认识到为了服务全球所有的客户群体,必须能够理解各地的客户,并且在组织员工团队时对他们中的任何群体没有偏见。

"这是一个转折点",Adobe 社区参与主管莉兹·劳（Liz Loue）说。Adobe 软件公司总部位于美国，随着科技行业关于多样性和包容性的讨论日益激烈，Adobe 公司负责社会影响的团队找到了一个机会，可以将奖学金、学徒制与日益增长的对多元化人才的需求结合起来。

更多元化的团队能够提升公司利润的原因之一是，员工可以在集体生活经验的基础上进行合作。这创造了一个强大的员工群体，不仅让公司更容易取得成功，而且也让员工群体更能有归属感，从而为公司带来更多好处。

费米·奥蒂托朱说："多元化的员工带来了自己丰富的人生经验，更有可能与那些墨守成规的人有不同的想法。那些人过于因循守旧，他们的想法是'老一套'的。"莉兹·劳表示同意："当有更多不同的视角参与到一个项目中时，围绕产品的创新就会更多。"

客户满意度也会随着团队的多元化而增加，因为如果公司的决策者中没有与客户相关的人，可能很难服务好产品的最终用户。

例如，在新闻行业，媒体公司从人们消费新闻的方式上见证了巨大的颠覆和碎片化趋势。

"我们的市场竞争十分激烈。所有这些变化都对我们的业务产生了影响——我们如何向读者传达内容，读者如何为内容付费，以及我们如何建立更多样化的读者群体，这就是我们的战略。为了使我们的内容更加多元化，我们也需要我们的员工团队变得更多元化。"

梅里·威廉姆斯（Meri Williams）

曾任挑战者银行 Monzo 首席技术官（2018—2020）、英国政府数字服务（GDS）交付主管（2012—2013）

梅里·威廉姆斯有很多一手经验，她对于多样化的工作团队如何提高产品和改善客户的生活了如指掌。威廉姆斯说："我是一名在科技行业工作的女性，我是同性恋，无神论者，我是神经多样性人士，我有一定程度残疾。"

在 GDS，威廉姆斯与一名盲人编码员合作了一个项目，该项目旨在帮助无法接触数字设备或缺乏数字访问技能的人，"我们开始关注手机等移动设备的使用情况，以及有不同无障碍要求的人群。"威廉姆斯与这位盲人编码员还研究了一些事情，例如如何单手使用手机，因为你使用手机时可能"正抱着孩子或肩膀恰好脱臼"。

威廉姆斯说："当一个团队过于同质化，以至于没有考虑到真正基本的东西时，就会很尴尬。"但"如果团队是多元化的，问题就会少一些——如果你的手抖了一下，触摸屏就行不通了。"在 Monzo 银行，一个新生代的客户团队决定开展一个帮助赌博成瘾者的项目。威廉姆斯说："我们可以阻止看起来像赌博的交易，这可以帮助尚未成瘾的人……那个团队中有些人是赌博的幸存者，他们做了很多非常好的工作——赌博拦截。"

"如果你想关掉（这个拦截系统），你必须联系客服——他们会让你等上 24 小时。客服不会直接拒绝你，但他们会给你一段冷静期。然后第二天，24 小时过后，他们会问你是否确定要关掉拦截系统。这一举措确实会降低赌瘾的复发率。"

6.2 更少的犯错空间

费米·奥蒂托朱表示,多元化的企业也"更少犯一些会扰乱社区的错误,因为其内部有制衡机制……所以拥有一支多元化团队的管理者更有优势,因为你聚集了不同想法的人"。

在创新方面,如果公司的新产品不适合全球市场上的每个人,公司就可能面临声誉受损的风险。从医疗保健到汽车和技术行业都是如此,这里仅举几例。例如,Digital Trends 网站报道称,可穿戴设备上的光学心率监测器在读取不同肤色时准确性存在问题。美国全国广播公司新闻频道还报道说,苹果公司的手表在有深色文身的人身上效果不佳,因此苹果公司卷入了"文身门"。

同样,据《星期日泰晤士报》报道,虽然无人驾驶汽车可能知道"左"和"右"的区别,但它们可能无法识别"非白人"和"非男性"的面孔。

在一份关于自动驾驶汽车的咨询文件中,英国法律委员会(Law Commission)发现,偏见"有时会表现在车辆和自动系统的设计中。例如,安全气囊挽救了许多人的生命,但第一代安全气囊对体型较小的乘客构成了风险,因为它们是为成年男性设计的。类似地,目前的面部识别软件可能仅能准确地适用于识别白人男性面孔。"

与此同时,据英国《卫报》报道,谷歌公司推出了一项有关平等的相机倡议,旨在改变其计算照片算法,以解决长期存在的问题。

柯达公司的"雪莉卡"曾被照片实验室用来校准照片中的肤

色、阴影和光线。据报道,这张卡是以柯达公司最初的模特雪莉命名的,它让雪莉看起来很漂亮,但也损害了肤色较深的人的形象。

练　习

　　这个练习将帮助你思考你的团队如何与客户的多元化需求相匹配,并将你的理解和同理心转化为切实的结果。

　　观察你的创新团队,思考它是如何与你服务的群体相关联的。

　　李·加登斯沃茨(Lee Gardenswartz)和阿妮塔·罗尔(Anita Rowe)开发的一个模型清楚地说明了多样化的 4 个层面是如何发挥作用的。

　　这 4 个层面分别是:

　　组织层面——工作类型,等级和地位,如管理相关;

　　外在因素——地理位置、收入、教育、习惯、宗教、婚姻状况和外貌;

　　内在因素——年龄、种族、性别、身体能力和民族血统;

　　人格层面——一个人的核心。

　　请用模型的 4 个层面来思考你的目标客户是哪些人,他们的多样性构成是怎样的。

　　如果你发现你的团队有很多不匹配之处,那么在进一步投入时间、金钱和资源之前,建议与利益相关者进行更多的访谈,以获得更广泛的视角和对项目的投入,这可能会很有用。

　　你事先掌握的信息越多,你就会有更好的解决方案,从而减少失败的风险,或者避免之后需要做大的调整。

6.3 在招聘阶段你能做什么

你可以采取几个步骤来营造一个让团队内不同员工都有发言权的环境,这样他们就可以帮助塑造组织的结构、互动,而你不必要深入公司的底层。

首先,从招聘开始,你应该确保你在招聘页的平等机会声明之外,做好如下几点。

- 重新审视招聘角色的标准,并质疑上面要求的是否是必要的技能。奥蒂托朱说:"如果你用同样的说辞寻找同样的东西,你会得到同样的人。不要再说你必须有某所大学的学位。"佐治亚大学的汤姆·奥格莱特里对此表示赞同:"我们一次又一次看到同一个现象:一旦学生不符合特定模式或特定标准,他们会很早就被排除在招聘门槛之外。"

- 在不同群体使用的社交媒体网站上发布你的招聘广告。在招聘广告上明确表示,你要找的是在以往的公司中没有充分表现的人。

- Kindred 公司联合创始人兼首席运营官埃莉莎·拜克(Elyssa Byck)表示,要为员工提供灵活性,无论他们是在哪里工作,还是何时工作,"以确保父母既能照顾好孩子,又能做好自己的工作"。Kindred 是一家总部位于美国的高管会员网络,专注于有社会责任感的企业的发展。

- 从代表性不足的群体中雇用人员担任决策角色。

"你不能歧视或偏好某个特定群体",奥蒂托朱说,"你必须弄清楚这些人可能会给你带来什么,以及你在多大程度上重视他们所拥有的特点。"

你可能需要重新评估团队的初始定位,并可能要创造一个或一些以前不存在的角色。例如,Adobe 公司在网络开发和数据科学等领域设立了职位,并为过渡到这些领域的员工预留了资源。

然而,如果你没有足够的预算为你的团队招聘新员工,你还可以这样做。

- 联系员工资源小组,在前期建立一些重要的联系。
- 为自己建立一个支持小组,这样当职位有空缺时,你已经做好了充分的准备。此时你只需要修改职位简介以吸引更多的人来申请。

莉兹 · 劳(**Liz Lowe**)

美国软件公司 Adobe 社区参与主管

Adobe 公司采用了一种敏捷的方法,运用快速失败、迭代和审查的思维方式来开发一个项目,以增加软件公司内员工的多样性。

这为招聘经理提供了一个他们在自己的领域内可理解的框架。莉兹 · 劳表示:"我试图从一种设计思维模式入手,在这种模式下,我面试招聘经理,让他们成为公司建设过程的一部分。"

招聘经理中的一些人告诉莉兹 · 劳,他们没有足够广泛的人才库来聘请来自不同背景的工程师担任最高职位。因此,莉兹 · 劳与他们一起建立了一个学徒计划——Adobe 数字学院(Adobe Digital Academy),以培养网站开发、数据科学和用户体验设计方面的技术人才,这些人才可能会被公司聘用。

莉兹·劳承认,最初的对话真的很难,因为这需要在招聘实践中转变思维方式。这种变革需要人力资源团队的领导和一些招聘经理的配合才能实现。

尤其是其中一位招聘经理,他在一个资源不足的社区长大,他的经历证明这种做法是可行的。他从项目中聘请了一位全职女性,她至今仍在 Adobe 的 Photoshop 团队担任工程师。莉兹·劳说,他的名誉和他在这个案例中取得的成功让其他招聘经理认同:"也许我们也可以这样做试试。"

莉兹·劳发现,经理们采取了最有效的心态转变方式,也就是踏出第一步,意识到"与来自非传统的背景的人一起工作可能是一种全新的、不舒服的感觉,但这就是多样性,这就是包容性。你可以一步一步来……但在某种程度上,你确实需要雇用一个与你有着不同背景的人。你需要认识到,许多技能是可以被训练的。"

自 Adobe 公司于 2016 年启动该项目以来,该公司已聘用了约 60% 的候选人成为全职员工,其中一半在第一年就获得了晋升。以学生身份兼职的员工有些则在美国其他地方的科技公司担任高薪职位。

莉兹·劳表示:"他们将成为自己团队的领导者,并做出影响产品和公司未来的招聘决定。"

6.4 收集数据和启动策略

为了成功实施多元化政策,公司内部的数据收集至关重要。如果没有数据收集,公司将不知道问题出在哪里,也不知道应该把精力集中在哪里。许多多样性和包容性相关计划可能会失败，因为它们被视为打卡一样例行完成的任务，并且不符合业务战略的要求。"他们几乎是复制粘贴了其他组织的建议"，巴弗尔说。

但要想取得成功，企业应该为自己量身定制一套多样性评估方法。

巴弗尔面临的挑战之一——也是她最大的成就——是收集公司的员工统计数据。这很重要，因为通过这样做，她可以制定一项战略，以改善劳动力的多样性，并评估改善的进展。

2018 年，英国《金融时报》集团只有 20% 的人披露了有关自己种族的数据。到 2020 年 9 月，这一比例已升至 83%。这意味着，该公司不仅可以公布不同种族的薪酬差距，还可以通过对数据的剖析，真正深入了解其中的一些问题。世界各地关于数据收集的法律确实不同。你可以回过头去，在第 5 章中阅读更多关于数据监管的内容。

管理者要时刻做好准备，因为人们可能会抵制这种变化。部分原因可能是他们担心未知，因为他们会问这些数据是否会对他们不利。

巴弗尔说："我所做的很多事情都是传播新观念、鼓励人们，并建立这种人与人之间的信任。"巴弗尔会用下面这些话来安抚员工。

- 哪些人能看到数据？
- 哪些人该对此负责？
- 数据的用途是什么？

在你们公司，你可以做以下的事。

- 看看数据是从哪里收集的。思考填写表格的群体是否有代表性。

- 与高层领导和经理一起进行内部沟通和内部公关,帮助收集数据。
- 为数据收集设定一个或多个目标。

巴弗尔说:"最终,如果我们要成为一个更好的、更具包容性的组织,那么这些数据将帮助我们实现这一目标,这就是数据一直在传递的信息。"

巴弗尔创建了一份指南,解释了上述每个问题的重要性,以及会用数据信息做什么。这些数据可以帮助你勾勒出整个组织正在发生的情况,并使你识别出公司可能改变的模式,例如某些少数民族的人离开公司。

普里西拉·巴弗尔(Priscilla Baffour)

《金融时报》集团多样性与包容性全球主管(2019—2021)

普里西拉·巴弗尔加入英国《金融时报》集团时,肩负着"为整个媒体公司推动多样性和包容性"的使命。起初,她不仅花大量时间查看数据,还用心捕捉"生活体验",倾听人们讲述在这家公司工作的感受。她不停建立人际关系,找出大家热衷的事物,并将自己的策略与之联系起来。

随后,巴弗尔将多样性和包容性与公司整体商业战略联系起来。"应当确保它不只是人力资源部门的一项独立工作,而是能与更广泛的业务产生关联。这是关键。"巴弗尔说。

巴弗尔采取的步骤包括以下几点。

(1)反向指导:这是推动文化变革的非常有用的工具。英国《金融时报》下一代董事会(Next Generation Board)的成立是为了帮助推行这一举措,并与董事会成员建立联系。它由来自公司各部门的多元化团队组成,旨在为公司决策提供不同的战略视角。这是打破领导层和其他员工之间无形障碍的好方法。

(2)员工资源小组的发展:巴弗尔与这些小组一起制定战略和商业计划,并将其纳入更广泛的发展战略。

(3)关于包容性领导力的强制性培训:这些课程被设置为强制参加,因为"有时感觉像是唱诗班的说教"。那些热衷于改变的人总会出席。巴弗尔说:"那些不喜欢的人永远不会喜欢。"包容性和多样性关乎每一个人。"组织中的每一个经理和员工都有责任意识到自己的行为会如何影响其他人的感受。只要有一个人说了不当的话或做了错事,就会影响到公司的文化。"

"我们都有自己习惯的做事方式。有时要求别人用违背习惯的方式做事是不舒服的。所以,忘掉那些旧习惯,重新学习吧。"

(4)全面发展:公司的目标是使人才库多样化,并通过学徒期和实习期开始与入门级人才接触,以及解决组织各级代表性不足的问题。招聘广告在不同的平台投放,经理们被要求在面试阶段提供"混合"候选人名单。巴弗尔表示:"为了不再花上一代人的时间来实现多元化,最简单的做法是招聘。"

"从前,人们说人才匮乏。这就是为什么收集数据很重要,我们可以看到,有时这好比一个'管道'问题,管理者的偏见正在悄悄渗入。因此,掌握这些数据对于真正了解问题所在至关重要。"

"我们都有这种(无意识的)偏见,但当你无法追踪偏见时,它就会悄然而至。在创意产业中,这一切都是非常主观的:'他们还没有完全到位''他们不合适'。有时,当你把这些东西写下来的时候,你开始意识到这是你的偏见。"巴弗尔说。

6.5　如何建立一支包容的团队

一旦你组建了一支包容的团队,你就需要积极主动地创造一个包容的环境,以确保团队内所有的声音都能被听到。你可以采取的步骤包括以下几点。

- 明确对员工的承诺。让他们知道你的立场,以及你在他们的关键问题上的支持程度。

- 勇敢地与员工接触,告诉他们你想听听他们的观点。给他们一个明确的信号,表明你是出于好意,这样他们可能会更坦诚地告诉你他们需要什么。"只管说,我想听听你要说什么。因为你和我不一样。我需要听你说。坦率地表达就可以",常驻英国的咨询师费米·奥蒂托朱表示。

- 促进员工参与团队会议,鼓励他们畅所欲言。

- 暴露自己的弱点。"我发现,管理企业 40 年以上的人更愿意表现为'开放而脆弱'的领导者。表明你有缺点和弱点并不意味着人们不会追随你。"奥蒂托朱说。

建立包容的团队,一种方法是邀请你的团队参加"不间断演讲时间"(UST)活动。这是一种调解工具,可以用来塑造员工的心理防线,这样每个不同的人都有平等的发言权。你可以通过以下操作开始使用这种工具：

- 开始一段每个团队成员都参与的对话，可以关于任何主题；
- 给他们几分钟的时间来自由表达自己的想法；
- 然后开始讨论。

这个练习为团队中的每个人提供了一个框架，包括性格内向的人。通过这种方式，从一开始建立的对话环境就是健康的。

"你需要为人们提供一个心理安全的环境。要允许出现不同的意见。"英国《金融时报》集团与英国企业商学院（IE Business School）合资企业 Headspring 的首席执行官古斯塔夫·诺德巴克表示。

诺德巴克表示："你需要在组织内部培养思维的多样性。这是一个体现成长型思维的组织的关键因素，只有这样你才可以激发创造力和创新意识。"

南非牲畜数据分析自动化初创企业 3D-IMO 的创始人内尔·恩科利斯同意这一观点："多样性之所以对企业很重要，是因为它创造了一种更具包容性的文化，在这种文化中，每个人都能由于自己的独特品质得到赏识。"

如果没有创造这样的环境，一些团队成员可能会觉得自己被忽视，并停止对公司贡献。久而久之，这将导致误解和冲突。

"象征性地将女性或黑人放在特定岗位上是没有用的，他们所做的只是蜷缩在角落里。他们必须能够感觉到他们可以做出贡献。他们可以从事挑战性工作。"奥蒂托朱说。

"经理们通常都有点谨慎……有些时候，你终于得到了一个女性反馈者，或者有人认同以前没有过的东西。然后你就闭口不谈了。你对你的同事说：'我不想让他们太过突出。'嗯，那这些人就知道自己的地位了。"奥蒂托朱说。

练　习

在下一次团队会议上,使用"不间断演讲时间"方法。关于正在做的一个项目,让所有的同事就初始想法发言2～3分钟。

你需要强调这段时间是留给每个成员表达意见的,以确保每个人的想法都能被听到。

只有这样做了之后,才能进入辩论。

你也可以采取以下步骤,积极主动地创建和建设公司的多样性和包容性文化。

- 和你的团队谈谈他们正在做什么,让员工形成做出贡献的责任感。
- 努力与少数族裔员工交谈,尤其是那些在团队中能够独当一面的员工。这样的对话不应仅局限在你的部门。
- 回顾你的团队或组织在公司中所处的位置,提出改变的建议。
- 在公司内部进行对话,听取他人建议,思考哪里需要做出改变。
- 成为一名"导师",在内部支持同事,或在外部提供专业知识。如果你没有时间,那就在整个业务流程中寻找支持者,他们可以帮助你支持新的合作。

奥蒂托朱说:"在非常礼貌的工作环境中,我们不会谈论差异,也不会倾听某些人的意见,因为我们不鼓励他们谈论差异。我们必须承认我们所处的位置,与这些少数群体交谈,并以他们提到的各种事情为指导。"

巴弗尔表示同意。她与整个英国《金融时报》集团的员工进行了交谈,她发现,从入门级到高层,"企业都有扩大多元化目标和目标的强烈意愿",尤其是关注到种族和族裔。

6.6 无意识偏见的作用

认识到"每个人都有偏见"这一点很重要。我们被个人的经历塑造和制约着,我们觉得什么基本安全,什么不安全,是因为我们的大脑天生就是为了生存的。

但我们对其他人的初印象会随着时间的推移而改变。当我们有更多的机会接触人群的多样性时,我们对他们的印象有助于团队和外部利益相关者形成一个更广阔的视角。

无意识的偏见是一种偏好或偏见,它可能有利于或反对一个特定的人或群体。当某人根据过去的经验做出快速判断时,偏见就会自动发生。相比之下,有意识的偏见是故意的偏见。

这些偏见的观点可能不正确或不合理。根据英国咨询、调解和仲裁服务机构 Acas 的说法,当一个人认为:

- 因为有些人和自己喜欢的人长得很像,所以更喜欢他们;
- 因为他们在种族、宗教或年龄方面与自己不同,所以对他们印象较差。

这就意味着他们可能会受到错误信念或假设的影响而做出决定。在 Acas 官方网站上,这被称为"刻板印象"。

以风险投资行业为例。《哈佛商业评论》上发表的一篇文章称,这是"惊人的同质化"。

创业公司创始人内尔·恩科利斯(Nneile Nkholise)和安娜塔西亚·伦(Anastasia Leng)体会过同质化的不利影响。她们分别在为自己的企业筹集资金时遇到了性别歧视,导致她们为项目融资的道路更加艰难。

恩科利斯表示,她收到过一封带有性别歧视的电子邮件,再加上男性投资者的态度让她感到不适,所以她决定停止为自己的第一家企业筹集投资基金。

与此同时,安娜塔西亚·伦认为她被拒绝是因为她怀孕了,尽管她提出计划打算只休 6 周的产假,其中 2 周还处于节日假期,剩下的时间她可以做收发电子邮件、打电话等工作。她说,投资者给她的理由是,"他们不确定我生完孩子后会不会想回到职场",这是一位女性合伙人提供的理由。"这令人十分沮丧,但从根本上来说这意味着他们不是合适的合作伙伴,所以我们需要找到一个不会把性别列为公司发展限制因素的人。"安娜塔西亚·伦说。

"人们更有可能投资与自己相似的人,因为你让他们想起了其他类似的成功人士。这就是为什么有时女性或少数族裔创始人很难获得白人男性创始人能够获得的资金。"

"所以,和我们一样的人并不多,因为这种识别模式还没有形成。我认为,解决这个问题的最好办法是多宣传女性和少数族裔创始人的成功故事,她们让企业运转起来,给投资者带来了巨大的回报,只有这样才能从根本上改变人们的看法。"安娜塔西亚·伦表示。

恩科利斯对此表示赞同,并认为随着越来越多的女性成为投资者,科技生态系统开始全面开放,情况开始发生改变。

恩科利斯表示:"我们看到越来越多的男性投资者对女性面临的挑战表示感同身受。"

如何增强意识

当谈到无意识偏见时,你需要认识到,任何真正有益的培训都必须是持续的、长期的,这样才有可能导致行为上的持久转变。

对无意识偏见的改善是一个颇具争议的领域,因为当前缺乏关于培训效果的证据。例如,英国政府在 2020 年年底宣布,将停止各部门的无意识偏见计划。

话虽如此,根据 BuzzFeed 公司前高管埃莉莎·拜克的说法,解决偏见的方法之一是建立一个注重尊重和尊严的环境,而这"从每个人开始"。拜克的建议如下。

- 挑战一切现有的假设,质疑是否有什么事情让你感到不舒服。即"真正正面处理这些问题。"
- 承认现存的"特权"。要明白"这可能是我们面临的许多挑战的核心"。
- 进行关于种族的对话,"这是很难进行的对话"。你可能需要在这样的会议中引入一个引导者。

拜克表示:"作为企业,我们希望避免只是字面意义上的同盟者,因为我们想确保不仅是发表声明,更是在实际采取行动。"

高管会员制网络公司 Kindred 确保所有团队成员都在同样的环境中进行对话,对话中有专家指导,每个人都可以平等地发言。

"对领导者来说,从一个自我认可的地方开始是至关重要的,因为它允许其他人发现自己的弱点,并从一个学习的地方开始",拜克说。

练 习

你可以尝试做哈佛内隐联想测试,来发现你的无意识偏见。该测试称,它可以帮助你发现心理学家认定的两种隐藏偏见,包括外部导致的偏见以及你自己的无意识偏见。

这项测试受到了批评,理由是你的偏见会随着参加测试的时间而改变。话虽如此,你可以在 harvard.edu/implicit/takeatest.html 上找到这些测试。

测试后,关于这些测试所揭示的你自己,请写下你的看法,以及你认为如何才能意识到自己的偏见。

6.7　在职业阶梯上把握好方向

普里西拉·巴弗尔表示,将多样性与包容性文化(D&I)与公司价值观联系起来非常重要,因为员工在加入一家公司时追求的东西有所不同。"员工们希望来到一个自己可以获得进步的地方,他们知道自己的想法会受到重视和尊重。世界已经变了,而且在继续前进。"

但要注意的是,公司多样性与包容性相关举措可能会花费人们在职业阶梯上取得进步的时间,甚至会阻碍其他人的进步。

发表在《战略管理杂志》(Strategic Management Journal)上的一项研究发现,少数女性通过跳级而迅速晋升至高层职位,但对于更多人而言,晋升通常就会放缓,因为"支持她们晋升确实是公司的一种选择,不幸的是,这种选择是由她们的公众形象驱动的"。

该研究称,有意增加高管队伍多样性的领导者不仅应该关注这些职位的人选,还应该关注他们花了多长时间才获得这些职位。

员工就职时间过长会阻碍公司整体的进步。如果人们在一家公司待了几十年,同样的岗位就很难引进新的人才。话虽如此,你可以采取以下步骤来帮助同事进步。

(1) 确认目前的工作内容和岗位就是他们想要的,并建立信任。"要先表现出你的理解,人们才能信任你。如果他们信任你,你就能在事情变得难以处理之前了解他们的情况。"奥蒂托朱说。

(2) 与人力资源部门合作,确保你了解员工离职的原因,或者他们没有如预期般快速进步的原因。奥蒂托朱说:"例如,我看到很多地方的黑人和少数民族,尤其是加勒比海地区的黑人,往往比白人就职的时间短,离开得早,发展机会也少。"

(3) 建立进步的信心。确保你在公司演讲中尽可能地展示来自少数群体的成功人士,平时多拿这些人举例子,这样你就能一直激励他们。你也可以积极赞助来自弱势群体的人,并支持他们获得晋升。奥蒂托朱表示,虽然职业辅导很重要,但它发挥作用的机制是假设这些人需要帮助,以此来培养和建立信心,而赞助弱势群体则意味着"设身处地与你同行"。

6.8　下一步如何做

(1) 思考拥有一个多元化的团队对于创新、绩效和理解客户需求有什么好处,因为数字化改革通常是针对大量广泛的受众进行的。

(2) 采取措施,与更加多元的团队合作并吸引他们。

(3) 定期回顾公司的多样性与包容性措施,以检查进展,并与世界上正在发生的趋势保持同步。

第 7 章

突发事件:"黑天鹅"和 "蟑螂独角兽"

通过将本书中的内容结合到自身经历中,并采取相应措施为自己的未来做好准备,你可以为职业生涯中的任何转变做好准备,为自身、团队或公司发掘机会。根据安永会计师事务所(EY)一份关于社会大趋势的报告,转型的技能和意识能帮助我们应对未来的变动。这些变动可能是自然灾害、社会事件或导致社会和商业停转的全球流行病。

这些事件被称为"黑天鹅"事件——它们极为罕见,但影响非常广泛,例如2008年的全球金融危机。它们甚至可能预示着更大的不确定性——气候变化。

对许多跨国公司来说,2020年是惨淡的一年,但仍然有些公司表现出色,并证明它们能够抵御危机,例如开发疫苗的制药集团、提供在线商品的电商行业从业人员,以及适时开展远程工作的科技集团。

他们展示了类似"蟑螂"的生存技能。据报道,蟑螂是少数能够在核战争中幸存下来的昆虫之一。"蟑螂独角兽"指的是估值超过10亿美元的快速增长的初创企业,把"蟑螂"这个词和"独角兽"一词放在一起,你就有了一个"蟑螂独角兽",它是具有韧性的初创公司,可以迅速适应不确定性。

这些"蟑螂独角兽"公司及其员工能够在一个不可预测的世界中抓住机遇,迅速采取行动,迈向数字化未来。

7.1　经验与教训

德勤公司研究了企业如何应对全球大规模流行病带来的意外挑战。

能够从不可预测的意外中恢复过来的企业通常具有如下相似的特征：它们准备充分、适应性强并高度灵活、通力合作、具有高度的信任感和责任感。

为了让你成功应对突发事件，我们相信你可以将这些特征与我们在本书中探索的主题相结合，以便在自己的实践中充分利用这些特征。

策略 1：做好准备

正如第 1 章中所介绍的，计划是引导转型和为即将到来的事情做好准备的关键。虽然你的计划可能不是针对某个特定的黑天鹅事件而制订的，但计划可以让你在意外来临时拥有更多备选项。你准备得越充分，就越能在需要克服意外障碍时恢复，你的心态也会更加积极，这样你就能安全度过挑战。

最成功的公司会提前为可能发生的意外做好计划并采取预先行动。德勤公司发布的报告称："一个具有韧性的组织应该提前为可能发生的事件准备剧本。"

世界经济论坛还将"韧性"列为 2025 年个人和公司所需的十大技能之一。

作为管理者，你将站在第一线，对团队进行规划和管理，并开展变革。

关于人类和技术如何引领新型工作方式，思杰公司《2035年工作报告》称，新型冠状病毒感染造成的破坏向我们展示了为未知做好规划的重要性。报告指出："这不再是员工体验会如何或何时改变的问题，因为它已经发生改变了……但我们要明白，这仅仅是个开始。"

西班牙桑坦德银行(Santander)前高管伊丽莎贝塔·加利(Elisabetta Galli)表示："要做好一切准备。现实是，负面的事情总是会发生，如果你事先做好准备，你就能将负面情况控制住。"

卫生部门高级管理人员坎瓦吉特·辛格(Kanwarjit Singh)表示赞同："你必须做好准备，为彻底变革做好准备……意外可能会发展得非常快。"

小结

- 做好充足的准备，你就能更好地应对意外情况。
- 提前为可能的变化做好计划，这样可以建立韧性。
- 密切关注你所在行业的趋势，帮助你提前规划。

练　习

通过使用安永公司提出的"大趋势和未来回顾"策略，你可以让你的团队了解到他们视野之外的趋势，从而减少"错过下一个重大事件"的风险。报告提到了塑造未来的四大主要力量：

- 技术——为人类增强提供赋能；
- 超越全球化；
- 人口统计学——Z世代崛起；
- 指数气候影响与环境。

你可以使用大趋势策略来设想多种未来场景，定制适合自身业务范围的计划。

> 　　逐步实现，并花时间思考和关注这些力量如何影响你的组织和部门。你也可以调研相应论文、报告和文章，以建立对当前趋势的了解。
>
> 　　你也可以和团队一起集思广益，将其作为一种有用的创造性练习，以加强团队的联系和动力，因为这样的练习能让他们更多地参与到计划过程中。

策略 2：适应，灵活，快速失败

　　我们采访的所有公司都在使用某种形式的敏捷工作方法，开展多学科团队合作，采用迭代的方法为消费者开发新产品。

　　拥有一支适应性、灵活性强的员工队伍是重中之重，德勤公司的报告还指出，员工的适应性和灵活性是决定一家公司未来发展的关键特征。54％的首席执行官将其列为最关键的三大特质之一。

　　动态的团队可以加快决策速度，加快创新脚步，而孤立的部门应对变化的速度相应会较慢。

　　西班牙对外银行（BBVA）采取了一种去中心化的方式，这种方式是相对超前、激进的。他们建立了所谓的"流动池"，它指的是固定员工原本只在内部市场开展业务，但现在他们会被临时分配到数字化转型项目中工作。

　　这有助于打破组织中的孤岛结构，也能够改变原有的线性管理关系，使团队更敏捷、更好地应对不断变化的业务需求。

　　在某些学科中，如设计、行为经济学或数据科学，大多数职位都不再是属于特定部门的"资源"。相反，它们与项目目标相呼应，西班牙对外银行负责数字化转型的经理玛尔塔·贾瓦洛伊斯表示。

德勤公司的报告称,行业内外的外部合作也至关重要,这样企业就不会独自应对重大变故。这一观点反映在本书中的一些受访公司中。第3章中介绍了这些公司,这些公司已经建立了创新中心,以便在组织内部建立一种创业文化。

虽说有一种所谓的失败文化,但这实际上意味着实验还没有触碰到底线。当项目失败时,吸取教训是至关重要的,这样实验带来的任何好处或见解都可以用以在未来更好地重建新项目。

正如挑战者银行 Monzo 前首席技术官梅里·威廉姆斯所言:"管理的艺术在于,从较小的失败经历中进行学习时,要确保这一过程足够安全,避免让某些人太过冒险,以至于产生过大的失败,毁掉了公司、团队或个人的职业生涯。这其中的张力很难把握。"

小结

- 快速启动你的项目。
- 如有必要,对项目进行回顾、评估和调整。
- 如果一个项目没有达到里程碑,就迅速关闭它。

策略 3:建立信任

信任是与员工沟通和提升透明度的关键,成功的管理者用同理心领导团队。

德勤公司的报告发现,在接受调查的首席执行官中,超过三分之一的人认为,他们的组织在培养领导者与员工之间的信任方面做得不够。相应地,那些成功的公司在与关键利益相关者沟通时,十分专注于改善沟通体验和提升透明度。

保持或发展团队内部的信任是至关重要的,第4章中讨论了这一点。关键在于，作为一名管理者，你需要能够沟通、理解、激励和倾听，并让你的团队感到你的诚恳。

千禧一代经常被问到的问题是"你的立场是什么？我能信任你吗？"欧洲未来学家格尔德·莱昂哈德（Gerd Leonhard）说道。他的研究焦点是未来 3～5 年内的商业趋势。

为了成功交付转型项目，真实性、同理心和逻辑在进行有效沟通时也至关重要，因为它们是建立信任的基础。

所有这些都有助于建立一个共同的愿景，即如何实现数字化转型。你应该可以影响和说服同事接受这套理念，因为你表现出的自己是值得信赖的。

"你需要说服和影响每个人，让他们明白转型是一件好事，每个人都可以参与其中。"伊丽莎贝塔·加利说。

小结

- 诚信是至关重要的。与员工保持和发展信任关系。
- 保持透明度，与下属员工和利益相关者更有效、更频繁地沟通。
- 做到了上述诚信与透明，你将能够影响和说服同事接受共同的愿景。

7.2　可持续性、价值观和技术的交叉点

环境可持续性是一个大的趋势，因为对气候变化的担忧促使消费者倾向于寻找符合他们个人价值观的产品和品牌，这反过来又对公司战略产生影响。

德勤公司的报告称，"人们期望机构让其行动与更高或更有意义的目标保持一致，并将客户、员工、承包商、社区和地球的需求放在首位"。

从银行和保险业到零售商和时尚集团，各个品牌都热衷于表现出自己对地球的支持，同时又不卷入"漂绿"的指控。这种指控指的是一些石油集团等组织欺骗地把自己标榜为环境友好型组织。

在线珠宝零售商 Astrid & Miyu 的创始人康妮·南（Connie Nam）对此表示赞同："我注意到有些公司在'漂绿'，他们花费大量资金只是为了中和碳足迹。"

康妮·南正在审查供应链的每一段，以期做出改进。她的目标是 100% 使用可回收材料，例如包装。康妮·南说："我们为顾客提供了无包装的选择，实际上很多顾客都做出了这种选择。"

在我们采访过的其他公司中，Mapfre 和桑坦德银行一直在努力改变自己在 Z 世代（1996—2010 年出生的人）和千禧一代（1981—1996 年出生的人）心目中的形象。Z 世代尤其重要，因为 Z 世代出生的约有 18 亿人口，占全球人口的 24%。他们是未来的劳动者和消费者。

保险公司 Mapfre Assistance 业务发展与创新主管巴勃罗·费尔南德斯·伊格莱西亚斯（Pablo Fernandez Iglesias）表示："如果我们不了解自己在这个社会中扮演的角色，以及我们给人们带来的价值，那么我们就会更加难以获得或留住客户。保险给社会带来安心和安全感。因此，基于生态系统和与他人的互动，我们需要改进人们对于当下现实的理解。最重要的是，我们不能忘记，现在的人们生活在一个需要可持续发展的世界，所以这需要成为我们商业模式的一部分。商业不再是一个只为投资者赚取利润的游戏，我们不能为了做生意而忘记我们生活的世界。"

桑坦德银行前高管伊丽莎贝塔·加利对此表示赞同："可

持续性价值观非常重要,将这些文化元素与技术结合起来是公司成功的关键因素。"

桑坦德银行开展了相关研究,对该银行在市场上瞄准的数字人才进行了采访。

加利说:"我们问求职者们的第一个问题是,你愿意为银行工作吗? 得到的典型回答是:'你在开玩笑吗? 我宁愿去看牙医。'这是十分典型的答案,因为银行给人的印象是邪恶的。所以这是我们必须打破的固有思维,我们必须树立一个不同的形象。"

要想帮助你和你的企业繁荣发展,就需要证明你致力于可持续发展,保护环境,支持人们的需求,帮助他们实现他们的目标。加利说:"这可以改变人们的看法,并吸引人才。"

为了在工作中成功处理这种情况,你必须能够同时对许多复杂问题的因素进行即时整合,这其中就包括确保你的团队是多样化的,每个人的声音都能被听到。

未来学家格尔德·莱昂哈德(Gerd Leonhard)表示:"企业目标包括了价值观、道德规范和对自己立场的理解,而可持续性是其中的重要组成部分。"

你需要了解当前的技术趋势,无论是使用数据预测消费者行为、智能合约的区块链还是自动聊天机器人,这些技术都能帮助我们更好、更智能地工作。

我们走向数字化之路的主要动力之一是希望找到更快捷、更节约资源的方式来运营和接触我们的受众,并让企业快速扩大规模。

小结

- 将可持续性、价值观和技术结合在一起。
- 强调你的工作带来的积极影响。

- 明确自身立场。

康妮·南(Connie Nam)

英国在线珠宝零售商 Astrid & Miyu 创始人

康妮·南(Connie Nam)热衷于减少在线珠宝业务的碳足迹,因为这不仅具有环保意义,而且具有商业意义。她审查了供应链的每一个阶段,以期做出改进,并致力于100%使用可回收材料进行包装。康妮·南说:"我们为顾客提供了无包装的选择,实际上很多顾客都做出了这种选择。"

"我们还不能说我们是完全可持续的。但我们确实走在正确的路上,并制订了切实可行的计划。我最不想做的就是花费大量金钱来中和碳足迹。"她说。

2020年,由于新型冠状病毒感染扰乱了供应链,Astrid & Miyu 公司开始在当地通过 3D 打印制作所有产品的样品。在此之前,它使用的是一种混合方法,需要将 3D 打印和设计稿发送到亚洲,然后等待4~8周对方交付。但这已超出公司所能承受的等待时间了。"我们开始做更多的 3D 打印业务,因为当时我们为拖慢的进度感到绝望。我们想,为什么我们之前不这样做呢?"

这不仅减少了公司的碳足迹,而且还缩短了4周的交付时间。这一举措非常成功,以至于该公司正在内部收购3D 打印技术。

Astrid & Miyu 公司仍将继续在亚洲全面生产,但康妮·南也将考虑在欧洲生产,以便进一步减少碳足迹。

7.3　改变工作方式

世界经济论坛(World Economic Forum,WEF)的未来工作报告称,到 2025 年,人类和机器花在当前工作任务上的时间将持平。

世界经济论坛估计,到 2025 年,人类与机器之间的劳动分工转变可能会取代 8500 万个工作岗位,而 9700 万个新岗位可能也会应运而生,以适应人类、机器和算法之间新的劳动分工。

流程的自动化和业务的精简将对人们的工作方式产生影响,人们仍将完成机器难以完成的任务。未来学家格尔德·莱昂哈德表示,这将包括需要运用直觉、想象力和真正的理解——让一个人能够即刻理解另一个人的工作。

在思杰公司的《2035 年工作报告》中,大多数受访者认为,到 2028 年,企业将依靠人工智能或数据导向赚取更多的钱,而不是依靠人类同行。

思杰公司高管米歇尔·塞内卡尔·德丰塞卡表示:"这并不意味着人们不需要人力了。"在新型冠状病毒感染流行之后,人们意识到人的重要性实际上比想象的要高。

"你如何对算法展开逻辑论证?你会采取什么方式去解释某个事件?我们必须得到一个升级的路径。或者,如果你得到的只是来自人工智能分配的工作,你如何才能获得参与感?"塞内卡尔·德丰塞卡谈到未来的工作中软件取代管理人员的可能性时说:"你不是为算法工作,你是在为人类的目的而工作。"

远程办公的关键

对于许多白领员工来说,灵活性强的远程办公将继续存在,当正常的线下办公恢复后,公司采取了一种混合模式,人们可以选择每周在家工作几天,或者部分时间远程工作。

世界经济论坛的未来工作报告称,84%的雇主都准备好了未来要迅速实现工作流程的数字化,包括远程工作的大幅扩展;44%的员工有可能被要求进行远程工作。

远程工作的关键是要将其视为"分散式工作"——你不是一个独立工作的个体,而是作为团队的一部分,需要与其他同事在线一起工作。

要做到这一点,很可能需要转变思维方式。在一定程度上,这意味着我们必须了解人们更喜欢何时以及如何工作,我们还必须信任合作者能出色完成工作目标。世界经济论坛的报告称,为了解决人们对生产力和幸福感的担忧,约三分之一的雇主想要采取措施,通过数字工具的使用在员工之间创造一种社区意识、联系感和归属感,并以此应对远程工作所带来的对幸福感的挑战。

这意味着我们必须在一个和谐的环境中工作,尊重每个员工的需求和偏好。通过这种方式,我们可以提升员工表现,并创造一种能够吸引最优秀的人才的文化,无论他们的地理距离是近或是远。

提高灵活性不仅是员工的诉求,其中还有很强的商业原因:企业可以节省租金和差旅费用,帮助减少碳足迹。

例如,霍金路伟律师事务所决定减少差旅,减少管理层的面对面会议。该律师事务所副首席执行官迈克尔·戴维森表示:"合伙人会议的频率将大大降低。"

　　Starling 银行创始人安妮·博登表示："许多领导者发现，远程办公非常可行，而且非常高效。"她不打算扩大公司的商业空间，而是考虑采用居家和办公室混合的工作模式。

　　思杰公司则更进一步，宣布从 2021 年起，员工可以自行决定想在哪里工作。德丰塞卡说："如果你在英国工作，但你想住在另一套房子里或者想要回到西班牙的家乡，你想在其他地点工作，我们将允许你这么做。"

　　"我们要考虑的事情很多，所以这是一项进行中的工作，税收、时间、假期、薪酬待遇、到公司的距离，以及需要多久上班一次等。我们有很多东西要学习和改善，但我认为这是我们企业领导层迈出的真正大胆的一步。"

　　虽然这种举措可能适用于部分有单独学习办公空间的员工，但对于必须在卧室工作或独自办公感到孤独的员工来说却很难。博登说："有些人会觉得与世隔绝的工作环境是一种困难。"

　　这也带来了新的挑战，因为想要通过视频会议去管理员工需要与传统管理不同的技能。同事们必须彼此信任，为自己的任务负责。通信必须保持高度流畅状态。

　　以前，当人们举行面对面的会议时，你必须等待级别最高的人先展开议程，然后其他人再说话。或者如果人们被要求出差，由于费用的原因，参加会议的人数会受到限制。思杰公司的德丰塞卡表示："这种情况不会再发生了。你可以更快地把人们召集起来。你可以找到更多的人。工作可能涉及更多的团队整合，因为更多部门会聚集在一起，你可以进行更频繁的对话。"

　　德丰塞卡表示："这在很大程度上转变了你作为一名管理者的能力，因为使用 Zoom 或 Microsoft Teams 等视频会议技术能够使一个组织民主化。"她还表示："在 Zoom 视频会议上，每个人几乎都是平等的。"

远程办公举措还涉及了以下的几个保留问题。

- 当大多数人都在远程工作时,你如何管理新员工?
- 你如何建立新的人际关系并与他们建立专业上的联系?
- 为了获得晋升,你如何确保你在高级经理的人选范围内?

霍金路伟律师事务所的一名实习生告诉迈克尔·戴维森,他在部门轮岗 6 个月的经历还不错,但他不知道整个部门是什么样子的。新来的实习生普遍反映他们无法在工作中与他人进行联系。

随着时间的推移,和他人缺乏联系会影响员工的晋升。斯坦福大学经济学教授尼古拉斯·布鲁姆(Nicholas Bloom)的一项研究发现,长期(2 年)远程办公的人晋升率几乎只有在办公室工作的人的一半,尽管他们的表现可能比在办公室工作的同事要好。

随着时间的推移,这可能会成为一个问题,尤其是在多元化举措方面。"从现在起 5~10 年,单身年轻男性的晋升率将远高于有小孩的已婚女性。在其他方面,人们的偏好存在分歧,住得离办公室远的人不会得到晋升。"布鲁姆在接受 Reset Work 网站采访时表示。

许多公司打算保留一些商业空间,但可能不想进一步扩张。塞内卡尔·德丰塞卡表示:"我们并不是想要从此抛弃线下办公楼,因为我们永远需要它们。你无法阻止人与人之间的互动。这是人们参加工作的真正原因。"

7.4　你需要做些什么才能领先一步?

大多数人都必须通过现代化来保持与专业的相关性,紧跟最新的代码、框架和工作方式,因为行业正在迅速变化。

在接下来的十年里，我们将见证某些领域的快速发展，例如智能辅助（语言识别等），或者简单的日常任务（包括金融交易、咨询和投资），甚至驾驶也可以通过机器来完成。

随着自动化取代了一批工作岗位，随之而来的问题是新的职位能否迅速发展到足以吸纳那些被取代的人，以及组织能否提升人们的技能以实现这一转变。

在这种环境中取得成功的员工主要是那些拥有成长型思维模式和高情商的员工，第 4 章中已经探讨了这一点，他们不断学习，密切关注变化，并对参与的内容有选择性。

世界经济论坛在其未来就业报告中列出了 2025 年的"顶级技能"。它们包括：

- 分析性和批判性思维；
- 主动学习；
- 复杂问题的解决能力；
- 创造力和原创性；
- 适应力和情商。

这些都是你应该重点关注和培养的技能，也是你需要不断提升以保持领先地位的才能。持续学习是我们采访过的公司在招聘员工时看重的一项关键能力。思维可能比技能更重要。

西班牙桑坦德银行前知识、发展和人才管理全球主管伊丽莎贝塔·加利表示："培养一种真诚的学习态度才是关键。"加利说："重要的是要挑战自己，把自己放在试验第一线去学习新方法，使用新工具。"

科技和电信行业一直在争夺具有新技能或新背景的人才，而拥有这些技能的少数人才常常被竞争对手挖走。

但塞内卡尔·德丰塞卡表示：不能再这样做了，因为 IT 和电信公司不是唯一需要这种技能基础的公司。

"几乎每个行业都需要他们,因此我们必须扩大人才储备。每家公司都必须利用现有的人力,提高他们的技能,同时承担社会责任,将新人才引入公司,并对他们进行培训。"

这些类型的员工也需要数据素养。本书第 5 章中探讨了数据的使用,无论是在个人还是在团队层面,使用数据都只会有利于发展,并为你的决策提供更多信息。

成功人士通常也会通过选择专注于哪些内容来培养掌控力。挑战者银行 Monzo 前首席技术官梅里·威廉姆斯表示:"人们不会一直尝试学习所有新事物,也不会关注每一个新趋势。但他们确实会最大化地掌握可迁移技能。人们可以看到以前学到的东西是如何被重复利用的。"

这是公司在招聘员工时所看重的。霍金路伟律师事务所的迈克尔·戴维森表示:"那些对变化感到兴奋的人,正是你应当招募的那种人。"

你还必须更加开放地接受变化,适应不断加速的趋势。

"这不再仅仅是选择的问题。"贝莱德集团前董事总经理汤姆·福廷表示,"现在已经到了生死关头。"

需要避免的一个陷阱是多年重复做同一种工作,而没有真正学到任何新技能,也没有锻炼到自己。

"你是有十年的工作经验,还是将一年的工作经验重复了十次?如果你是将一年的工作经验重复了十次,这意味着你只是在略有不同的环境中以同样的方式一直做着同样的工作。"威廉姆斯说。

话虽如此,转型的另一个主题是,你不应该害怕自己的角色变得多余,也不应该担心数字化转型会取代自己。

"自我迭代的人总能找到另一件更重要、更好的事情去做。"创业公司 CreativeX 的联合创始人安娜塔西亚·伦表示。"数字化转型的概念对一些人来说可能非常可怕,因为这意味着技术将会替你做某些事情,你会被技术取代……或者另一个团队会这么做。但如果你能将数字化转型引入公司,并成功实施,你就会走上晋升和增长的快车道,免于被淘汰的结局。"

如果你在同一家公司工作了几年之后觉得自己过于出格大胆,那就休息一年,重新调整一下自己的想法。这是马德里 IE 商学院国际 MBA 教授、创业导师阿尔伯图·利维(Alberto Levy)的建议。他的个人观点是活跃你的思想。

利维的观点是,当你在一个职位上工作了几年之后,你就会停止观察事物,这就可能会让你失去独立思考能力。如果能休息一下,做些不同的事情,这会给你的下一份工作带来好处,为你带来新的视角。

如果负担不起休假一年的费用,你也许可以探索一下其他的选择。如果你的公司提供带薪休假和灵活的工作时间,这些都是能帮助你重启的其他实用方法。它会给你时间去思考,甚至休闲玩乐。

南非初创企业 3D-IMO 的创始人内尔·恩科利斯相信,要"拥抱游戏之美"——花一天时间与蹒跚学步的孩子们在一起玩,重启创造力,这样有助于更好地理解数字转型。"孩子们不在乎失败。他们在意的不是尝试新事物。他们会把每件事都做得疯狂而混乱,直到把某件事做对为止。所以你需要和小孩子站在同一种立场上,先把事情弄得一团糟,引导出发散思维,因为转型的支柱是创造力和创新。"

小结

- 通过选择专注于哪些内容来培养掌控力。
- 保持开放的心态,不断学习。
- 花时间去思考,激发创造力。

我们想听听你的意见

我们想听听你是如何在工作中运用数字化转型技巧的。我们希望你能分享你的经历,无论是好的还是坏的,或者是现有的研究中未涉及的。

下面是一些帮助你开启对话的具体问题。

- 对于已经采取的数字化转型步骤,你有什么积极的建议吗?
- 你遇到过哪些挑战?
- 你是如何应对的?

你可以直接联系我们:

Lyndsey Jones, LinkedIn profile: www.linkedin.com/in/lyndsey-jones/-389b6830/

Twitter: @LyndseyJones129

Balvinder Singh Powar, LinkedIn Profile: www.linkedin.com/in/balvindersinghpowar/

Twitter: @balpowar

我们可能会将你提供的信息运用在以后的内容中,但我们会抹去来源。我们可能会回答你的问题,也可能不会,但我们真的很想听听读者的想法。

扩展阅读

第 1 章

1. *Effective Planning and Time Management*，Vivek Bindra

2. *What's the Why*，Simon Sinek

3. 'Planning doesn't have to be the enemy of the agile'，Alessandro Di Fiore in *Harvard Business Review*，13 September 2018

4. TED talk on 'The gap between planning and doing' by Kirsten Rohde，Professor of Behavioural economics at Erasmus University，Rotterdam

5. TED talk on 'A sixth sense for project management' by Tres Roeder，change agent and founder and President of Roeder Consulting

第 2 章

1. *Start with Why*，Simon Sinek

2. 'Ten reasons people resist change'，Rosabeth Moss Kanter in *Harvard Business Review*，25 September 2012

3. *The Catalyst: how to change anyone's mind*，Jonah Berger

4. *Leading Change*，John Kotter（audiobook）

5. *Transforming resistance to change*，Christine Comaford（podcast）

第 3 章

1. *Coaching Agile Teams : A Companion for ScrumMasters ,
Agile Coaches , and Project Managers in Transition ,*
Lyssa Adkins

2. *The Toyota Way* by Jeffrey K Liker

3. *The Lean Start-up* by Eric Ries

4. *Thinking , Fast and Slow* by Daniel Kahneman

5. *Scrum Mastery* by Jeff Cohn

6. *Making Work Visible* by Dominica Degrandis

第 4 章

1. *The Speed of Trust ,* Stephen Covey

2. *The Power of Habit ,* Charles Duhigg

3. *Dare to Lead ,* Brene Brown

4. *The Manager's Path ,* Camille Fournier

5. *Unleashed : The Unapologetic Leader's Guide to
Empowering Everyone Around You ,* Frances X Frei and
Anne Morriss

6. *Management Teams : Why they Succeed or Fail ,* RM
Belbin

7. *Influence : The Psychology of Persuasion ,* Robert Cialdini

8. *Beating burnout at work ,* Paula Davis

9. Scott Asia's TED Talk : *Saving soft skills from extinction*

10. FT series Mental Health at Work : *Feeling the strain*

第 5 章

1. *Data : A Guide to Humans ,* Phil Harvey and Noelia
Jimenez Martinez